ALEXANDRA BELLORINNI

Encontrando

a Dios

CUANDO
LA MÚSICA
SE DETIENE

Publicado por
ALEXANDRA BELLORINNI

Derechos Reservados ©
ALEXANDRA BELLORINNI

Primera Edición 2021

Por: ALEXANDRA BELLORINNI

Titulo publicado originalmente en español:
ENCONTRANDO A DIOS CUANDO LA MÚSICA SE DETIENE

Primera Edición:
Luz Sarai Reyes Duque
USA Tel.: (980) 250-4760

Citas Bíblicas tomadas de la Santa Biblia, Versión Reina-Valera de 1960. © Sociedades Bíblicas Unidas.

Clasificación: Educación Cristiana

ISBN - 978-1-7923-7993-2

Para más información:

ALEXANDRA BELLORINNI
Instagram: alexbellorinniauthor
Facebook: alexandrabellorinni
Website: www.alexandrabellorinni.com
Teléfono: (704)649-9234

Producido en USA por:
www.HolySpiritPub.net
Tel.: (214) 881-1367

Encontrando a Dios

CUANDO
LA MÚSICA
SE DETIENE

De: *Alexandra Bellorinni*

Para:_____

DEDICACIÓN

Este libro está dedicado a la persona más extraordinaria del universo; su nombre es Jesucristo, nuestro amado Señor y Salvador. A Él sea toda la gloria por los siglos de los siglos, amén.

AGRADECIMIENTOS

¡Tengo tantas personas a quienes agradecer! Primeramente, doy gracias a mi querido esposo y mejor amigo, Ronny Bellorinni, por sus consejos. A mis hijos y a mi madre, Zoila Martínez, por su amor incondicional. Mil gracias a Robert Green por sus hermosas palabras y su apoyo. También quiero honrar a mis padres espirituales, pastores Willy y Rosa Jiménez, y a mi apóstol, Dr. Marcelino Sojo, por su cobertura. Agradezco mucho a mi amada Polonia Guzmán y a todo el equipo de Sky Music. Y, por último, pero no menos importante, a Odalys Lazo, Emma Milandou, Lizeth Méndez, Natalia Emes, Brian Jiménez y Candy Bellorinni, por siempre creer en mí y a Will Jiménez, Ivette Capellán y Sara Reyes por todo su trabajo.

CONTENIDO

INTRODUCCIÓN

Cuando el virus llamado COVID-19 comenzó a afectar a las naciones, los países formaron planes de contención pidiéndoles a sus ciudadanos quedarse en sus casas. Las escuelas, empresas y arenas deportivas cerraron, los conciertos fueron cancelados, y también los templos cristianos fueron obligados a cerrar sus puertas, y en consecuencia, muchos grupos de adoración detuvieron su alabanza.

Literalmente, la música se detuvo en varias partes del mundo, y también en muchos corazones.

El enemigo de nuestras almas odia la alabanza y la adoración a Dios. Y cuando nuevamente las iglesias abrieron sus puertas, los gobernantes (en algunos lugares del mundo) prohibieron la adoración. No se podía cantar a Dios con la excusa de que se hacía por precaución «para no propagar el virus».

Sin embargo, esto no detuvo a la iglesia de Cristo, porque nadie puede detener a los verdaderos adoradores. Pero hay ocasiones cuando la melodía musical sí se ha detenido en la vida de muchos; y me refiero a su adoración, que va más allá de cantar canciones.

Tú y yo somos como instrumentos musicales, cada uno con diferente sonido y apariencia, pero todos con el mismo propósito: emitir melodías armoniosas para el agrado del director de la orquesta, nuestro amado Dios, quien con su sabiduría nos afina tras haber sido desafinados y maltratados por el pecado.

Dichas melodías deben nacer de nuestro interior, del corazón, y manifestarse a través de un carácter sujeto y obediente a los principios de Dios, que significa «adoración».

Los salmos, las canciones y los himnos espirituales son una expresión de la verdadera adoración.

Y es que muchos creen que la adoración es únicamente pronunciar cánticos emotivos durante el servicio de la iglesia; sin embargo, una vez salen del templo, su «adoración» cesa.

*«Este pueblo me honra con sus labios, pero su corazón está lejos de mí» **(Mateo 15:8 NTV)**.*

La **verdadera adoración comprende una actitud correcta delante de Dios en todo tiempo**, la que llega a ser como una dulce melodía que agrada y alegra su corazón. Y es sobre esta música que hablaremos en este libro, pues ciertamente, en muchas ocasiones se ha detenido.

«Por lo tanto, por medio de Jesús, ofrezcamos un sacrificio continuo de alabanza a Dios, mediante el cual proclamamos nuestra lealtad a su nombre» **(Hebreos 13:15 NTV)**.

La palabra de Dios también nos dice: *«Todo lo que respira alabe a JAH. Aleluya»* **(Salmos 150:6 RVR1960)**. En otras palabras, Él diseñó a los ángeles celestiales, ¡a los seres humanos! y a toda su creación con el propósito de alabarlo y glorificarlo.

La música está destinada a ministrar al Dios Todopoderoso, Creador del universo, quien nos dio este don para que podamos conectarnos con Él en Espíritu y en verdad. Muchos pueden alabarlo, pero no todos pueden adorarlo, porque la adoración es más profunda que la alabanza.

Desafortunadamente, así como muchos grupos de adoración cesaron de cantar alabanzas durante la pandemia del 2020, así mismo muchas personas dejaron de emitir una melodía hermosa de adoración a Dios cuando el dolor y la decepción tocó sus vidas o cuando llegaron las luchas, pruebas y tribulaciones. Y como resultado, sus vidas se encuentran sin gozo ni paz.

Lo grave de esto es que, cuando un cristiano deja de emitir el sonido de adoración a Dios a través de sus acciones, también pierde su posición en Cristo Jesús y, como resultado de perder su posición, su salvación peligra.

¡Es tiempo de recuperar tu música y tu posición como adorador! Con este libro aprenderás a ser un adorador que no permite que el fluir de la música dentro de su interior se apague.

Alexandra Bellorinni

PRÓLOGO

Por Robert Green

Conocí a Alexandra en una de mis visitas a la ciudad de Charlotte, con gran alegría nos esperó y recogió a todo el ministerio de BARAK en el aeropuerto. Me dio la mano sonriendo y me dijo: Soy la encargada de coordinar el evento que se llevará a cabo esta noche. Ella y su esposo Ronny, rápidamente tomaron nuestras maletas y con mucho cariño nos invitaron a comer, me di cuenta de lo apasionada que estaba con lo que hacía.

En todos mis años de viaje, he conocido a muchos organizadores y coordinadores de eventos, pero pocos con el corazón de Alexandra. Fue hermoso verla moverse de un lugar a otro cuidando cada detalle para que nada interrumpiera esa noche tan especial. Reconozco que después de un viaje tan largo y de visitar varias ciudades esa misma semana me sentí un poco desanimado por el agotamiento, pero mientras hacía la prueba de sonido observé a ALEXANDRA quien como yo, llevaba toda la semana corriendo de un lado a otro y en su rostro se le notaba lo tarde en la noche que se había acostado trabajando y también debería estar muy cansada; pero su actitud era muy diferente y estaba muy comprometida en darle la excelencia a Dios ese día.

Mientras movía unas sillas y preparaba el camerino del backstage se me acercó Alexandra para preguntarme si necesitaba algo o si todo estaba bien, sin duda me di cuenta que estaba frente a una gran adoradora sin música y sin micrófono, pero ella adoraba. Se trataba de una adoración que pocos sabemos dar a Dios, la de la entrega y el servicio, la que fluye no por lo que recibimos a cambio sino por un compromiso con Dios. Este tipo de adoración es especial porque no depende del cansancio, dolor o dificultad que estés atravesando, esta adoración hace que la queja se convierta en la ofrenda perfecta que sube al cielo como un olor fragante.

En ese momento estaba muy ministrado con lo que Dios me dijo a través de Alexandra y rápidamente comencé a adorar, no con un instrumento ni con la voz que me caracteriza, sino con mi buena actitud en medio de mi dificultad y la afinidad de mi corazón con Dios. Antes de exponerme al público me dije a mí mismo: *"Robert, un verdadero adorador, no solo adora cuando las luces están encendidas, sino que el verdadero adorador comienza a adorar cuando la música se detiene".* El Todopoderoso se complace y comienza a moverse a nuestro favor cuando una adoración genuina nace desde lo profundo de nuestro ser, especialmente cuando nuestras emociones nos sugieren hacer lo contrario.

Fue verdaderamente una enseñanza divina que viví cuando vi a Alexandra adorar de una manera diferente, pero eso me marcó ese día. ALEXANDRA es una líder juvenil incansable que ama a Dios, lo conoce íntimamente y su vida es consistente con el mensaje de este libro.

No es casualidad que hoy estés leyendo este libro. Te doy fe y testimonio de que cada palabra que encontrarás aquí proviene de un corazón que ha aprendido a adorar incluso en medio del proceso, pero desde de ahí se levantó y está hoy aquí para compartir contigo las maravillas de Dios. Sin duda creo que si has pasado por situaciones de desafío en la vida que jamás te imaginaste experimentar, entonces este libro será de mucho provecho y bendición para ti.

Alexandra comparte con franqueza su proceso de descubrimiento de Dios a través de su experiencia personal. Ella nos desafía a enfrentar lo que muchos pasan la mayor parte de sus vidas evitando: ¡el dolor! Prepárese para aprender a adorar y escuchar a Dios cuando la música se detenga. A menudo, en tiempos de problemas, se prueba lo que realmente creemos, y es en esos momentos que **es necesario**

aprender a usar la adoración como un arma y como un salvavidas.

El propósito de este libro *"Encontrado a Dios Cuando la Música se Detiene"* es guiarte para que descubras como reconocer la voz del Padre Celestial en las circunstancias que todos los días vienen a robar nuestro gozo y silenciar esa voz guía que viene Él. Si su Palabra nos dice que *el sol sale sobre malos y buenos y la lluvia cae sobre justos e injustos*, entonces quiere decir que nadie está exento de sufrir etapas desagradables, pero si la adoración es el medio para encontrar refugio, entonces incluso cuando el mundo se detenga y la dopamina deje fluir por nuestro cuerpo, buscaremos la musa a través de la alabanza que a medida que asciende al cielo nos da sombra, cobijo y fuerza en Cristo Jesús.

Robert Green

COMENTARIOS

Apóstol Marcelino Sojo
Iglesia Monte Calvario - Charlotte, NC

Si usted desea conocer lo que es adoración real, tiene el libro correcto en sus manos. Alexandra aborda en las siguientes páginas una de las verdades imprescindibles del cristiano, que la hace entrar en dimensiones espirituales reales y mayores, y eso  es, adorar cuando la música se detiene. Este libro lo llevará a reflexionar y, al mismo tiempo, le impulsará a producir la mejor melodía para el Altísimo.

Pastor Willy Jiménez
Iglesia Cristo Mi Redentor- Charlotte, NC

Saeta de salvación, exclamó el profeta Eliseo, flecha victoriosa del Señor, declarando la victoria para el pueblo de Israel mientras el rey de Israel lanzaba la flecha. Así también creemos que será este libro para las naciones de la tierra, que será para

salvación, restauración y edificación de todos aquellos que lo tomen en sus manos. Alexandra es una persona que se deja dirigir por Dios, y no cabe duda de que este libro nació primero en el corazón de Dios. Muchas felicidades, Alexandra, por permitir a Dios que use tu vida para bendición de otros.

Averly Morillo (Artista)
New York, New York

Alexandra es una persona muy amable y servicial, y me siento muy feliz de que se haya atrevido a hablar de la adoración en un tiempo donde hay mucha confusión acerca de ella. Creo que este libro nos ayudará como jóvenes a ver la adoración de una forma diferente y a encontrar a Dios cuando ya no hay melodías. La adoración es un estilo de vida, es vivir para Dios, y nos ayudará a vencer en momentos donde el enemigo nos quiere hacer caer porque tenemos una relación continua con el Padre. Te motivo a que leas este hermoso libro, «*Encontrando a Dios cuando la música se detiene*», porque sé que será de gran bendición para tu vida.

Josué Capel
(Guitarrista del grupo BARAK) Santo Domingo, RD

Este libro nos muestra cómo en muchas situaciones de la vida, momentos difíciles en que quizás podamos llegar a pensar que Dios nos ha dejado solos y que todo pudiera haber llegado a su fin, nuestra adoración tiende a decaer y perdemos el deseo  de adorar. Pero te darás cuenta de que es ahí en ese momento que somos probados y nuestra adoración debe subir al trono de Dios con más intensidad que antes.

En estas páginas vemos como nuestra adoración no debe depender de circunstancias ni de temporadas buenas o malas, y tal y como explica Alexandra en uno de los capítulos, somos instrumentos y la música siempre debe estar presente en nuestras vidas, esa música que toca el corazón de Dios y por el cual fuimos creados. Llegarán momentos en que nuestra música se apagará por alguna razón, y aquí encontramos algunos principios bíblicos y claves para poder recuperarla, no dejando que el fuego de Dios se apague en nuestras vidas.

Estoy convencido de que este libro será de bendición para muchas personas que quizás han sentido que su música se ha apagado. Todos tenemos una melodía que Dios ha puesto en nuestro corazón y esa melodía es eterna, solo tenemos que entregarnos por completo a Él y veremos cómo esa música, que supuestamente estaba apagada, surgirá de nuevo con más volumen que antes y abrirá los cielos a favor nuestro, de nuestra familia y de todo aquel que sea impactado por ella.

Polonia Guzman
(CEO de Sky Music)- Bronx, New York

Dios me ha dado la oportunidad de conocer a personas maravillosas. Siempre digo que soy privilegiada por las personas especiales que han llegado a mi vida. Alexandra llegó a mí de una bella manera, con unas niñas de danza que iban a participar en un concierto que se celebró en el 2017, en Charlotte. Fue el inicio de nuestra amistad, y desde ese día, nuestra amistad ha seguido creciendo. No hace muchos años, pero parece como si la conociera desde niña.

Me siento feliz de poder ver cómo ha crecido en sus proyectos y ver su fidelidad y el amor sincero que le tiene a Dios, a las personas y al servicio. Me llena de regocijo ser parte de su círculo de amigos y hoy me siento feliz de ver un escalón que ha avanzado al escribir este hermoso libro con tan importante contenido. Para mí, después de Dios, la música es todo. Dios es el Creador del universo, y la Palabra dice que Él habita en medio de la alabanza. A quien más le gusta la música es a nuestro Dios, y por eso también nos gusta a nosotros como sus hijos. La música se encuentra en todos los lugares, en el tren, en las fiestas, en el carro; dondequiera que nos movemos, siempre va a estar la música, y cuando Alexandra me compartió este título, me interesé mucho porque me imaginé este mundo sin música, y dije: «¡Qué triste sería este mundo sin música! Al igual, ¡Qué triste es una persona sin música para ofrecerle a Dios!, porque muchas son las circunstancias que han tratado de apagar nuestra música y nuestra fe. Pero aparecen joyas como este libro que nos ayudan a seguir.

Sé que este libro será de gran bendición para muchos porque está basado en la Palabra de Dios. Te recomiendo este libro 100 %, porque te ayudará a sintonizar las melodías en tu vida. Con las líneas de estos capítulos, podemos volver a ponerle música a nuestras vidas. Felicidades, mi amada Alexandra. Te deseo éxito y que Dios te siga usando.

Ronny Bellorinni (Esposo)
Líder de Adoración & Alabanza.
Iglesia Cristo Mi Redentor, Charlotte, NC

Felicito a mi amada esposa por todo su trabajo en este libro. Cuando escuchamos una canción o una melodía inspirada por el Espíritu Santo, por lo general, es fácil cerrar los ojos y entrar en la presencia de Dios y adorar, pero ¿qué haces cuando esa  misma música se detiene? ¿Nace un sonido dentro de ti para seguir buscando el rostro de Dios o cesa la intimidad porque no sabes qué hacer en el silencio? Igualmente, cuando vienen momentos que no son agradables a nuestra vida, tenemos que tomar una decisión personal de que pase lo que pase en medio de esa tormenta, nuestros ojos no pueden dejar de mirar al Maestro. A veces hay que hacer lo que hizo el rey David en *Salmos 42:5*, ANÍMATE A TI MISMO: «¿Por qué te abates, oh alma mía, Y te turbas dentro de mí? Espera en Dios; porque aún he de alabarle» ¡Haz lo posible y Él hará lo imposible!

Pastora Rosa Jiménez
Iglesia Cristo Mi Redentor, Charlotte, NC

¡Querida Alex! ¡Estoy tan orgullosa de ti! Este libro es especialmente para las personas que han estado pasando un largo desierto en sus vidas, porque a medida que vayas navegando por sus páginas, encontrarás  las respuestas que has estado buscando a tus preguntas de por qué no encuentras el camino donde un día anduviste.

Lizeth Méndez
Equipo de Liderazgo Iglesia Steele Creek Charlotte, NC

Hay pocas personas que el amor y la obediencia a nuestro Señor se traducen en todos los aspectos de su viaje personal y profesional. Después de  doce años de amistad con Alexandra, puedo honestamente decir que ella es una de las pocas. Su amor y obediencia a nuestro Señor se pueden ver claramente en su diario caminar como madre, esposa, amiga, hija y sierva de Dios. Es una mujer conforme al corazón de Dios, una que se ha sometido a la soberanía de Dios y cuya fe no ha sido quebrantada ante las pruebas y tribulaciones. Ha sido un privilegio compartir con Alexandra por tantos años y ver lo que Dios está haciendo y seguirá haciendo con su vida. *Lucas 1:45* dice: «*Y bienaventurada la que creyó, porque se cumplirá lo que le fue dicho de parte del Señor*».

Pastora Ivette Capellán
Iglesia Casa de Bendición -Springfield, MA

Hoy en día, hasta para un pastor o recién convertido, con todos los acontecimientos que han ocurrido, es fácil verse hundido en la angustia, dolor, ansiedad y ruidos que pueden opacar la voz de Dios cuando nos habla.  Este libro es una tremenda herramienta que nos sirve de guía y nos recuerda que *No* importa los problemas por los que estemos pasando, cuando le adoramos aun en el medio del desierto, Dios se encarga del resto. Dios está a nuestro favor y Él traerá sanidad a nuestros corazones si estamos dispuestos a venir delante de Él y rendirnos completamente. A parte de ser bendecida con la amistad de mi amiga Alexandra, doy gracias a Dios porque sé que este libro será de mucha bendición para muchas personas más. Dios ha visto tu esfuerzo y pasión por seguir expandiendo un mensaje tan importante como este. Dios te bendiga y gracias por ser una bendición para todos nosotros.

Capítulo 1

Cuando la música se detiene

*«Hablando entre vosotros con salmos, con himnos y
cánticos espirituales, cantando y alabando al Señor
en vuestros corazones»*
(Efesios 5:19 RVR1960).

ALEXANDRA BELLORINNI

¿A dónde se fue la música?

■ Recuerdas cuando aceptaste a Jesús por primera vez? ¿Ese momento especial cuando pudiste experimentar gozo, paz y una gran emoción al oír el nombre de Dios...? ¿Recuerdas esa temporada en la que cada canción cristiana te hacía llorar y cada mensaje te inspiraba?

Como nuevos creyentes, estábamos viviendo un tiempo extraordinario, mejor conocido como «el primer amor», cuando la sensación de alegría, entusiasmo e interés por conocer más de Jesús era una constante, llegándonos a imaginar que siempre sería así.

Sin embargo, un día llegaron (nuevamente) las luchas, pruebas y tribulaciones a golpear nuestra vida y a hacer que el volumen de nuestra música (adoración) bajara cada vez más y de tal manera que, incluso en muchos lugares, se dejó de escuchar.

Lamentablemente, tras las pruebas y procesos, muchos corazones dejaron de latir emocionados al escuchar el nombre de Jesús. Las canciones que antes les tocaban profundamente y les conmovían hasta hacerles llorar delante de la presencia de Dios ya no les causaba ningún sentir, y el mensaje que les inspiraba ahora parecía una reprensión molesta.

Tristemente, muchos se volvieron tibios y sus corazones se enfriaron. Y esa pasión que alguna vez sintieron por el evangelio se apagó como una brasa cuando es retirada de la fogata.

Durante los últimos años, he visto a personas estar ardiendo por Cristo, pero lamentablemente, también he visto a muchos de ellos apartarse de Dios.

También están aquellos que enfrentaron pruebas que nunca imaginaron que pasarían, como perder a un ser querido, a uno de sus padres, a su cónyuge o a un hijo. Otros han pasado por situaciones económicas terribles. Muchos han vivido la enfermedad, la infidelidad, el divorcio y otro tipo de problemas que pudiésemos nombrar, pero la Palabra de Dios nos dice:

«Estas cosas os he hablado para que en mí tengáis paz. En el mundo tendréis aflicción; pero confiad, yo he vencido al mundo» (Juan 16:33 RVR1960).

Para muchos, su panorama oscuro se convirtió en una nueva realidad en la que tuvieron que descubrir rápidamente lo que sucedía mientras intentaban juntar las piezas del rompecabezas. Y en este punto, la parte más difícil es tener que explicar a los demás su situación. He observado que esto es particularmente difícil para aquellos que están en algún tipo de ocupación de liderazgo y sienten que tienen que manifestar a sus seguidores el por qué su mundo se está derrumbando, mientras también enfrentan la incertidumbre y el dolor.

Es allí cuando, para muchos, la melodía musical comienza a detenerse. Sin embargo, a nuestro amado

Dios le gusta hablarnos de nuestro futuro cuando nos encontramos en medio de una situación difícil. Por ejemplo: te encuentras sin trabajo, pero Dios te dice que serás próspero económicamente. No tienes hijos y el médico te encontró estéril, pero Dios te dice que tendrás una gran familia.

La Palabra dice: *«Y vino el ángel de Jehová, y se sentó debajo de la encina que está en Ofra, la cual era de Joás abiezerita; y su hijo Gedeón estaba sacudiendo el trigo en el lagar, para esconderlo de los madianitas. ¹²Y el ángel de Jehová se le apareció, y le dijo: Jehová está contigo, varón esforzado y valiente»* **(Jueces 6:11-12 RVR1960).**

Dios llamó a Gedeón «varón esforzado y valiente» en un momento cuando él se escondía de sus enemigos. A Dios realmente le gusta contarnos nuestro destino, pero no el *cómo llegaremos allí.* Un buen ejemplo de esto es la historia de José.

En agosto de 2019, un adorador muy famoso en todo el mundo renunció a su fe en Dios. Después de servirle durante más de veinte años, se rindió. Aunque escribió algunas de las mejores canciones que nuestra generación haya escuchado, la música en su corazón se detuvo mucho antes de que sus labios lo hicieran. Este adorador «tiró la toalla» antes de terminar la carrera que le fue encomendada.

«He peleado la buena batalla, he acabado la carrera, he guardado la fe» **(2 Timoteo 4:7 RVR1960).**

Todos somos adoradores, y como tales, nuestra música no debe detenerse hasta terminar la carrera en la que Dios nos ha permitido estar en esta tierra, pues de lo contrario, nos encontraríamos en una posición de rebeldía, fuera de la voluntad de Dios y, por lo tanto, el riesgo de perdición sería inminente.

Fuimos llamados para adorar

Todos hemos sido llamados a adorar y a alabar a Dios. Él mira nuestros corazones cuando lo glorificamos, lo alabamos y en todo lo que hacemos. La Palabra de Dios dice: *«Venid, adoremos y postrémonos; Arrodillémonos delante de Jehová nuestro Hacedor» (Salmos 95:6 RVR1960).*

Cuando el corazón de un adorador deja de emitir melodía armoniosa para Dios, es porque esta persona ha permitido que fuerzas y presiones externas le roben la verdad de las Escrituras y le lleven a tener una actitud incorrecta.

Esto no solo le puede suceder a un músico que se encuentre cansado, agotado o molesto con el Señor, sino a todos aquellos que son siervos de Dios y que han perdido su comunión con el Espíritu Santo.

Un ministro de alabanza que su música se detuvo

Recuerdo que conocí a un ministro de adoración y alabanza que comenzó a servir a Dios desde muy temprana edad. En toda su juventud adoró a Dios cantando y ministrando en muchas iglesias, países y ciudades, pero un día (como a todo ser humano le sucede), «descendió lluvia y vinieron ríos y soplaron vientos y golpearon contra su vida» y los cánticos que ministraban a muchas personas por medio de sus labios comenzaron a menguar, hasta que llegó el momento en que su música se detuvo.

Estas lluvias, ríos y vientos que le golpearon fueron los problemas en su hogar. Tenemos que entender que, le sirvamos a Dios o no, las dificultades llegarán a nuestras vidas. No podemos sorprendernos de que nuestra fe sea probada como el oro. Aunque sea por poco tiempo, pero será probada con fuego. Así que este hombre que, con sus cánticos ministraba a muchos corazones, detuvo su música debido a las circunstancias.

Fue un tiempo doloroso semejante a un desierto, porque muchas veces él recordaba cómo las multitudes adoraban al Dios Todopoderoso junto a él, quien en ese momento se encontraba como el hijo pródigo, quien un día se dio cuenta de que lo había perdido todo y recordó cómo en la casa del padre había abundancia de pan, mientras él no tenía nada para alimentarse en ese momento.

Tenemos que saber que los golpes de la vida, los problemas y las dificultades tratarán de que nuestra música se detenga. Pero es en esos momentos de la vida cuando tenemos que hacer lo que dice Santiago: *«¿Está alguno entre vosotros afligido? Haga oración…» **(Santiago 5:13 RVR1960).***

La oración es hablar con Dios, es el tiempo cuando le adoramos y alabamos, y donde Él manifiesta grandes cosas a nuestro favor. Muchos optan por alejarse de Dios en los tiempos de tribulación y dolor, y ahí está el gran error, pues no debemos olvidar que, sin importar la situación momentánea que estemos atravesando, Dios es soberano y es digno de nuestro respeto y obediencia, lo que se traduce en *adoración.*

Finalmente, la mejor parte de esta historia es que este adorador comprendió que nuestra música, es decir, nuestra adoración a Dios, es una parte esencial de nuestras vidas que nada ni nadie debe detener, pues fuimos creados para glorificar al Creador en adoración a través de todo lo que hacemos y decimos; por lo que después de un tiempo de silencio, el cielo volvió a escuchar su música.

Cuando la música se detiene

Uno de los salmistas más grandes que existió en la tierra, el Rey David, experimentó lo que se siente estar en una guerra contra el enemigo y después querer llegar a su casa a celebrar con su familia, pero en vez de que lo recibieran con una fiesta, encontró su casa prendida en fuego y con la noticia de que los amalecitas habían secuestrado a toda su familia *(1 Samuel 30)*. La música que traía en su corazón se detuvo en cuestión de segundos. En el versículo 4, dice que David y su gente *«alzaron su voz y lloraron hasta que les faltaron las fuerzas para llorar»*. No importa que tan gran adorador o guerrero tú seas, en algún momento de la vida te enfrentarás con un evento que retará tu adoración por lo que el enemigo te robó, y aunque haya amargura de alma en tu ser (versículo 6), tendrás que aprender a encontrar a Dios una vez más (versículo 8) para que Él te guíe en la manera cómo tienes que actuar y recuperar lo que perdiste. Solo Dios es el único que puede hacer que un evento de fracaso, ese que te hizo llorar amargamente, termine siendo usado para nuestro bien y a nuestro favor. Después de llorar amargamente, David buscó el rostro del Señor, recibió dirección y recuperó a su familia y todo lo que había perdido.

Así como el rey David, todos hemos pasado por momentos en los que no sentimos ganas de alabar y adorar a Dios. Pero debemos hacer lo que hizo David y buscar al Señor.

Cuando no sentimos el deseo de adorar a Dios por las pruebas y dificultades, es el momento cuando con mayor determinación debemos levantarnos firmes para hacer lo que hizo David:

«Bendice, alma mía, a Jehová, Y bendiga todo mi ser su santo nombre. ²Bendice, alma mía, a Jehová, Y no olvides ninguno de sus beneficios. ³El es quien perdona todas tus iniquidades, El que sana todas tus dolencias; ⁴El que rescata del hoyo tu vida, El que te corona de favores y misericordias; ⁵El que sacia de bien tu boca De modo que te rejuvenezcas como el águila» **(Salmos 103:1-5 RVR1960)**.

David le ordenó a su alma bendecir a Dios y le recordó los maravillosos beneficios de glorificar y exaltar a Dios. ¡David le dio instrucciones a su alma de seguir adorando!

El dolor y las emociones querrán dominarnos, pero no podemos permitir que los sentimientos predominen. Puede que no haya música en tu entorno, pero sabemos que el Cordero Santo es digno de toda adoración, y *cuando adoramos, Él se encarga de todo lo demás.*

«Grande es el Señor nuestro, y de mucho poder; Y su entendimiento es infinito. [6]*Jehová exalta a los humildes, Y humilla a los impíos hasta la tierra» (Salmos 147:5-6 RVR1960).*

Aunque nunca entenderemos su conocimiento o proceso de pensamiento, debemos recordar que Dios vuelve a poner de pie a los caídos.

«El Soberano Dios nunca cambia, por lo tanto, nuestra adoración tampoco debe cambiar».

Dios está a tu favor

Una vez que haya vuelto la música, nuestro corazón podrá apreciar más que antes y con un mayor entendimiento cada mensaje, cada canción y cada momento que pasemos en la presencia de nuestro precioso compañero: el Espíritu Santo.

Mi oración por ti es que los próximos días sean los días más maravillosos junto a la compañía del Espíritu Santo.

Repite conmigo: «*Engrandeced a Jehová conmigo, Y exaltemos a una su nombre*» **(Salmos 34:3 RVR 1960).**

ALEXANDRA BELLORINNI

Capítulo 2

Sana un corazón roto

«*Aderezas mesa delante de mí en presencia de mis
angustiadores; Unges mi cabeza con aceite;
mi copa está rebosando*»
(Salmos 23:5 RVR1960).

ALEXANDRA BELLORINNI

Nunca planeaste perder tu música y tal vez no pensaste que te podría pasar. La pérdida de tu melodía es un gran problema porque puede conducir a la pérdida total de tu fe.

Como siervos de Dios, fuimos llamados a adorarle en los buenos y en los malos tiempos, *«Bendeciré a Jehová en todo tiempo; Su alabanza estará de continuo en mi boca» (Salmos 34:1 RVR1960)*, pero los golpes de la vida y el reino de las tinieblas trabajan para hacer que perdamos nuestra música.

La Escritura nos muestra: *«Y de Siria habían salido bandas armadas, y habían llevado cautiva de la tierra de Israel a una muchacha, la cual servía a la mujer de Naamán» (2 Reyes 5:2 RVR1960)*.

El corazón de esta muchacha fue completamente roto porque fue secuestrada y llevada a una tierra extraña para ser esclava. Privada de su familia, de sus amigos y de su casa, ella lo perdió todo en tan solo un momento. Grandes heridas fueron abiertas en su corazón y, como cualquier ser humano, sintió un gran desprecio por sus capturadores.

Lo sorprendente de esta historia es que, después, la Biblia nos muestra que el amo de la casa donde ella servía necesitaba un gran milagro de sanidad y fue ella la persona usada por Dios para que su amo obtuviera ese milagro que tanto necesitaba.

Entonces, vemos que, aunque la tribulación trató de apagar su música a través del dolor, Dios sanó su corazón y el sonido de su adoración volvió a escucharse. Hoy quiero decirte que pueden romper tu corazón y apagar tu música por un momento, pero **el Dios de Israel lo sanará y mejor adoración saldrá de tu interior.**

En los próximos capítulos, entenderás cómo recuperar tu música y reconstruir una relación de intimidad con el Espíritu Santo. La pregunta es: ¿cómo se puede recuperar la música cuando alguien se encuentra en una batalla interna con Dios? Es muy probable que tu corazón se haya roto en algún momento y poco a poco la melodía haya comenzado a apagarse en tu interior...

Un corazón roto

La ruptura de un corazón puede ser causada por personas o por un golpe de la vida, y probablemente preguntas como «¿por qué Dios permitió esto?» han pasado por tu mente.

La verdad es que Dios permite algunas cosas y otras suceden debido a malas decisiones que hemos tomado. Sin embargo, Dios todavía trabaja con nosotros y nuestros errores.

Este tipo de pensamiento probablemente haya afectado tu relación con Dios. Quizás en algún momento te sentiste cerca de Él y ahora reconoces que no estás tan cerca cómo te gustaría. Pero déjame decirte que: **reconocer que las cosas no están bien no es una señal de debilidad, sino de fortaleza.**

Muchas personas culpan a Dios y le acusan por haber permitido un dolor, cuando en realidad esa situación que les hirió fue producto de una mala decisión por parte de quienes estuvieron involucrados en el asunto, pues Dios nos ha dado libertad para hacer lo bueno o lo malo. Debemos entender que vivimos en un mundo imperfecto por culpa del pecado, y que Dios nos brinda su ayuda cuando somos heridos por otros o por nuestras malas decisiones.

Dios quiere que tengamos un corazón sano, y que ese corazón tenga paz. Cuando alguien tiene el corazón roto, la persona vive en angustia, en dolor y amargura, siendo oprimido por las tinieblas, pues su propósito es destruirnos por completo.

Entonces, ¿cómo podemos evitar seguir viviendo en tristeza, depresión, ansiedad y dolor? Lo primero que debemos hacer es perdonar. Perdonar no siempre es sencillo, pero si queremos que Dios sane nuestro corazón, *tenemos que tomar la decisión de perdonar.*

Nota que dije «decisión», porque muchos piensan que perdonar se trata de sentir, y la verdad es que nunca vamos a *sentir* perdonar, sino que debemos *decidir* perdonar.

«Decide hoy perdonar».

El poder de perdonar

Jesús nos manda a tomar la decisión de perdonar:

«*Y cuando estéis orando, perdonad, si tenéis algo contra alguno, para que también vuestro Padre que está en los cielos os perdone a vosotros vuestras ofensas. ²⁶Porque si vosotros no perdonáis, tampoco vuestro Padre que está en los cielos os perdonará vuestras ofensas*» *(Marcos 11:25-26 RVR1960)*.

Cuando acepté a Jesús, yo era alguien que necesitaba ser liberada de la esclavitud que produce la falta del perdón. Crecí sin papá. Estaba vivo, pero decidió no ser parte de nuestras vidas; de vez en cuando llamaba, normalmente cuando necesitaba algo, y lo cierto es que durante mis años en la escuela anhelaba el amor de un padre.

Mi madre, mis hermanos y yo crecimos en la pobreza. Mamá levantó a tres hijos ganando ocho dólares la hora, lo cual es muy poco para mantener una familia en Estados Unidos. En la escuela, vi a muchos de mis amigos ser recogidos por sus papás mientras esperaba afuera a mi hermana, quien asumió el papel de madre a temprana edad para ayudar a mi mamá que se encontraba trabajando.

Mi hermano y yo no podíamos unirnos a clubes o equipos deportivos porque nuestra madre no tenía los recursos para pagar los uniformes, así que siempre presentábamos excusas a nuestros amigos acerca de por qué no nos uníamos a los equipos. En la escuela secundaria, recuerdo usar ropa que era demasiado grande para mí porque era la ropa vieja de mi hermana.

Uno de los últimos recuerdos que tenía de mi padre fue cuando nos escapamos de él en un taxi desde Nueva Jersey. Estaba en tercer grado, y recuerdo que miré hacia atrás y pensé: «qué ahora». Esta imagen de nosotros en el taxi se quedó enterrada en mi corazón para siempre. Mi madre decidió huir con mis hermanos y conmigo para escapar de su abuso, y durante mucho tiempo estuve traumatizada, literalmente no podía recordar su rostro o su sonrisa. Después de que nos fuimos, estábamos muertos para él.

A medida que comencé a crecer, mi corazón seguía anhelando el amor de un padre, antes de que finalmente me diera cuenta de que Dios era el padre que necesitaba. El día que acepté a Jesús, comencé a conocer el verdadero amor de un padre.

Al conocer a Dios pude experimentar muchos sentimientos diferentes, como la gracia, el perdón, la paz, pero lo más importante, sentí el amor de padre. Desde ese momento, supe que nunca volvería a sentirme sola. Aquí es donde perdoné a mi papá y mis heridas se curaron, y esto es lo que hace Dios a través del Espíritu Santo: Él sana nuestro corazón y quita el resentimiento.

Así que te animo a perdonar a la persona que te ha herido. Para la mayoría de las personas, esta es una decisión difícil de tomar. Una vez, un nuevo creyente me preguntó: «Alex, ¿cómo puedo perdonar a una persona que me ha herido? He intentado muchas veces perdonar al papá de mi hija y no pasa nada». Mi respuesta para ella fue que necesitaba perdonarlo hasta que pensar en esa persona no le causara más dolor.

Clama a Jesús

Jesús es quien sana las heridas. Por lo tanto, está bien llorar a sus pies. Hazle saber cómo te sientes, Él es un buen oyente. Si has sido despreciado, humillado, engañado y herido, sea lo que sea, arrodíllate y pídele a Jesús que quite el dolor de tu corazón y que sane tu alma.

Hazlo hasta que sea una costumbre venir a los pies de Jesús. No intentes arreglar las cosas con tus propias fuerzas, aprende a dejar todo en sus manos y permite que Él se ocupe. *«Encomienda a Jehová tu camino, Y confía en él; y él hará» (Salmos 37:5 RVR1960).* Clama a Jesús y entrega tus problemas, **Él prometió ayudarte.**

Las mejores lágrimas que jamás llorarás serán a sus pies, y una vez te acostumbres a entregarle tus problemas dejarás de llorar, y podrás comenzar a dar gracias porque siempre verás su manifestación y ayuda.

No podemos culpar a Dios

Muchas personas tienden a culpar a Dios por su desgracia, y esto conduce a la frustración. Dios simplemente no puede ayudarnos hasta que reconozcamos que Él no fue quien causó nuestro dolor. No podemos estar enojados con Dios, pues más bien Él desea ayudarnos: *«Porque yo Jehová soy tu Dios, quien te sostiene de tu mano derecha, y te dice: No temas, yo te ayudo» **(Isaías 41:13 RVR1960)**.*

Dios no es un dios de maldad, Él no lastima a las personas, Él es bueno y su deseo es que estemos bien: *«Amado, yo deseo que tú seas prosperado en todas las cosas...» **(3 Juan 1:2 RVR1960)**.* En cambio, el diablo y sus ángeles son los que hieren a las personas en sus corazones, pues, a través del dolor, la mente se bloquea, y de esta manera se hace fácil para el enemigo conducir a los seres humanos al pecado.

Hace un tiempo, hubo un caso de asesinato muy conocido, en donde el perdón y la gracia reinaron en la corte. El Estado de Texas vs Amber Guyger. Una oficial de policía que mató a un hombre en su propio apartamento y dijo que fue un error. El hermano de la víctima fallecida decidió no odiar a la mujer policía, sino ofrecerle el perdón. La mayoría de las personas que vieron el juicio por televisión lloraron al ver al hermano de la víctima abrazar a la asesina de su hermano. Él lloró y perdonó a la agresora y también le ofreció el plan de salvación en Jesucristo.

Este joven eligió el perdón sobre el odio. No la culpó a ella, no culpó a Dios, no trató de entender lo que estaba más allá de su comprensión. En cambio, en medio de todo su dolor, solo quiso que la persona que le arrebató la vida a su hermano tuviera un encuentro con Jesús. Toda la sala de la corte estaba tan conmovida que la misma jueza, al ver la acción de este hombre, fue donde la acusada, la abrazó y le dio una Biblia.

Sinceramente, admiro a este joven, porque la muerte de un ser querido es uno de los dolores más fuertes y desgarrantes que una persona puede enfrentar. Sin embargo, su decisión de perdonar fue la mejor que pudo tomar, ya que a partir de ese momento, su corazón empezó a sanar.

«Al perdonar, comienza la restauración y la sanidad del corazón, no al revés».

Capítulo 3

El Espíritu Santo

«Y yo rogaré al Padre, y os dará otro Consolador,
para que esté con vosotros para siempre»
(Juan 14:16 RVR1960).

ALEXANDRA BELLORINNI

La promesa del Espíritu Santo

Los apóstoles y los discípulos se acostumbraron a estar cerca de Jesús. Durante tres años y medio, ellos caminaban con Jesús, escuchaban sus enseñanzas, comían y pasaban tiempo junto a Él y fueron testigos de todos los milagros que hizo. Sin embargo, jamás pensaron que Jesús moriría de esa forma tan cruel y brutal como murió en la cruz del Calvario.

Después de que acontecieron esas cosas, ellos estuvieron muy tristes, pues no podían imaginar ya sus vidas sin Jesucristo. Por tres días, la música de estos fieles creyentes se detuvo. Ellos lloraron y lamentaron la muerte de su Señor y amado Jesús, y durante esos días ellos olvidaron muchas de las promesas que Él les hizo, dentro de las cuales se encontraba una de las más importantes: Él resucitaría y estaría con ellos un tiempo más, pero luego, el Espíritu Santo estaría con ellos para siempre.

Jesús venció la muerte, resucitó al tercer día y estuvo en la tierra con sus discípulos por otros cuarenta días antes de ascender al cielo. El Maestro les recordó a sus apóstoles la promesa que les había hecho:

«Y estando juntos, les mandó que no se fueran de Jerusalén, sino que esperasen la promesa del Padre, la cual, les dijo, oísteis de mí. ⁵Porque Juan ciertamente bautizó con agua, mas vosotros seréis bautizados con

el Espíritu Santo dentro de no muchos días» **(Hechos 1:4-5 RVR1960)**.

El Espíritu de Dios estaba en Jesús, y la música de cada uno de estos creyentes regresó al encontrarse de nuevo con el Salvador, quien antes de ascender al cielo, les recordó nuevamente la promesa diciéndoles: «... *pero recibiréis poder, cuando haya venido sobre vosotros el Espíritu Santo...» **(Hechos 1:8 RVR1960)**.

Los apóstoles, junto a sus otros discípulos (unas ciento veinte personas en total) subieron al aposento alto a esperar el cumplimiento de esa promesa, y diez días después, la promesa fue cumplida, pues el Espíritu Santo vino sobre cada uno de ellos:

*«Y de repente vino del cielo un estruendo como de un viento recio que soplaba, el cual llenó toda la casa donde estaban sentados; ³ y se les aparecieron lenguas repartidas, como de fuego, asentándose sobre cada uno de ellos. ⁴Y fueron todos llenos del Espíritu Santo, y comenzaron a hablar en otras lenguas, según el Espíritu les daba que hablasen» **(Hechos 2:2-4 RVR1960)**.*

El Espíritu de Dios vino sobre sus vidas y la vida de cada uno de ellos nunca más volvió a ser la misma. Tú y yo necesitamos al Espíritu Santo, pues el poder que requerimos para salir exitosos de cada batalla que se nos presente y poder hacer lo que Jesús hizo aquí en la tierra (sanar, liberar, ayudar, traer buenas nuevas y más) proviene solo de Él.

Bebe del agua del Espíritu Santo

El Espíritu Santo es el agua viva. Hay millares de personas que tienen sed y están bebiendo de cosas que les satisfacen solo temporalmente; como la mujer samaritana, que un día fue a buscar agua a un pozo y se encontró con Jesús, quien le dijo: «dame agua de ese pozo».

"Vino, pues, a una ciudad de Samaria llamada Sicar, junto a la heredad que Jacob dio a su hijo José. ⁶Y estaba allí el pozo de Jacob. Entonces Jesús, cansado del camino, se sentó así junto al pozo. Era como la hora sexta. ⁷Vino una mujer de Samaria a sacar agua; y Jesús le dijo: Dame de beber. ⁸Pues sus discípulos habían ido a la ciudad a comprar de comer. ⁹La mujer samaritana le dijo: ¿Cómo tú, siendo judío, me pides a mí de beber, que soy mujer samaritana? Porque judíos y samaritanos no se tratan entre sí. ¹⁰Respondió Jesús y le dijo: Si conocieras el don de Dios, y quién es el que te dice: Dame de beber; tú le pedirías, y él te daría agua viva. ¹¹La mujer le dijo: Señor, no tienes con qué sacarla, y el pozo es hondo. ¿De dónde, pues, tienes el agua viva? ¹² ¿Acaso eres tú mayor que nuestro padre Jacob, que nos dio este pozo, del cual bebieron él, sus hijos y sus ganados? ¹³Respondió Jesús y le dijo: Cualquiera que bebiere de esta agua, volverá a tener sed; ¹⁴ mas el que bebiere del agua que yo le daré, no tendrá sed jamás; sino que el agua que yo le daré será en él una fuente de agua que salte para vida eterna» **(Juan 4: 5-14 RVR1960).**

Cuando Jesús le pidió agua a la samaritana, lo hizo solo para enseñarnos algo profundo y trascendental, que solo al recibir por medio de Jesús al Espíritu Santo podremos saciarnos completamente, pues las cosas de este mundo solo ofrecen una sensación de satisfacción momentánea, así como el agua natural, que solo sacia nuestra sed por un tiempo determinado y luego volvemos a experimentar sed.

El Espíritu Santo representa al agua que sacia para siempre

Jesús ministró la vida de la mujer samaritana, pues ella tenía un gran vacío, porque en su vida siempre había buscado la felicidad en un cónyuge. Ella había pasado por cinco divorcios y ahora estaba en fornicación; y fue en ese momento cuando ella recibió la revelación de que, para estar satisfechos en la vida, debemos beber del agua del Espíritu Santo:

«Respondió Jesús y le dijo: Cualquiera que bebiere de esta agua, volverá a tener sed; [14] mas el que bebiere del agua que yo le daré, no tendrá sed jamás; sino que el agua que yo le daré será en él una fuente de agua que salte para vida eterna» **(Juan 4:13-14 RVR 1960)**.

Jesús también lo dijo el día de la fiesta de los tabernáculos: *«En el último y gran día de la fiesta, Jesús se puso en pie y alzó la voz, diciendo: Si alguno tiene sed, venga a mí y beba. [38]El que cree en mí, como dice la Escritura, de su interior correrán ríos de agua viva. [39]Esto dijo del Espíritu que habían de recibir los que creyesen en él; pues aún no había venido el Espíritu*

Santo, porque Jesús no había sido aún glorificado»
(Juan 7: 37-39 RVR1960).

Necesitamos beber de las aguas frescas del Espíritu Santo a diario, pues estas son las únicas que llenarán cualquier vacío que tengamos. Cuando la música se detiene en nuestras vidas, estas aguas que Jesús nos ofrece refrescan nuestra alma. Recordemos que, en el principio, el Espíritu Santo se movía sobre las aguas, y nosotros somos hechos en un 60 % de agua, esto es simbólico para nuestras vidas, ¡necesitamos al Espíritu Santo!

El ser humano necesita agua para sobrevivir en la tierra, pero también necesita al Espíritu Santo para vivir eternamente.

Te animo a que también bebas de las aguas que nos ofrece nuestro Mesías. Si tienes algún vacío o estás experimentando sed, sus aguas te saciarán y de tu interior correrán ríos de agua viva. El Espíritu Santo glorifica a Jesús, por lo tanto, si quieres recibirlo, debes primero creer en Jesús. Para muchos de nosotros, los creyentes, eso significa volver a la cruz y recordar el momento cuando llegamos a sus pies.

«Cuando venga el Consolador, que yo les enviaré de parte del Padre, el Espíritu de verdad que procede del Padre, él testificará acerca de mí» **(Juan 15:26 NVI).**

Vuelve a la cruz y encuentra el amor

Para beber del Espíritu, tenemos que estar enamorados de Él, y para hacer eso, debemos volver a nuestro primer amor: Jesús. El Espíritu Santo nos lleva a Jesús, y Jesús nos conduce al Padre. El Espíritu Santo es el que trae revelación a la vida de las personas para salvación. Una de sus principales funciones es glorificar a Jesús. Cada alma que se convierte a Cristo ha recibido la revelación del Espíritu Santo, y se ha convencido de que a través de Jesús son perdonados nuestros pecados, puesto que Él nos lavó con su sangre, y ahora somos santificados ante los ojos del Padre. Jesús es el mejor abogado *(1 Juan 2: 1)*.

Cómo encontré a Jesús

Para nosotros recibir al Espíritu de Dios necesitamos primero recibir a Cristo o volver a la cruz. ¿Qué quiero decir con volver a la cruz? Simplemente recordar el momento cuando vinimos a los pies de Cristo. Personalmente, siempre que voy a ese tiempo de mi vida encuentro paz en medio de la tribulación.

Tenía quince años el día que le di a Jesús mi corazón. Una persona muy cercana que es considerada parte de mi familia pasó al altar en ese momento. Él era un alcohólico, y cuando el pastor hizo el llamado para que las personas aceptaran a Cristo, él pasó adelante, y en ese momento pensé: «Vaya, realmente hay un Dios»; pues su vida giraba en torno a las fiestas y a la diversión y debido a las ataduras de adicción que le controlaban, su vida estaba muy hundida en el pecado. Pero algo sucedió antes de ese servicio que trajo una alerta a su vida. Él tuvo una experiencia con la muerte, y la tomó como una nueva oportunidad, y quizás la última, que Dios le estaba brindando para venir a los pies de Cristo.

Después de ese evento dramático en su vida, él entendió que era tiempo de un cambio y de aprovechar esa oportunidad que Dios le estaba dando, por lo que decidió asistir a ese servicio dominical donde el pastor oró por nosotros, y al abrir mis ojos, para mi sorpresa, otras personas que estaban con nosotros, junto con él, aceptamos a Cristo ese domingo.

A partir de ese día, él quedó libre de la esclavitud del alcohol y su testimonio es bastante sorprendente. No tuvo que asistir a ningún grupo de rehabilitación, pues Dios lo libertó y su mente respecto al alcohol fue transformada totalmente como si él nunca hubiese bebido, quedó como un niño que no piensa en el alcohol. ¡Todas las ataduras fueron rotas ese día! Y ya han pasado más de trece años. Ahora, él y su esposa son pastores y Dios los ha bendecido abundantemente, así como a su familia.

Dios usó esta experiencia para también hacerme el llamado a servirle. Sin embargo, Él ya se había aparecido en varias ocasiones en mi vida, pues de niña siempre supe que había un Dios, y con tan solo cinco años escuché su voz audible cuando estuve a punto de ser violada. Él me ordenó «escupir» en la cara del violador y «correr». Sus palabras me dieron la fuerza para hacerlo y pude llegar a salvo a la casa.

Jesús es la respuesta

Jesús es la respuesta. Él te devolverá tu música y el Espíritu Santo te guiará. Si no le has entregado tu corazón, hoy quiero animarte a que lo pruebes. Levanta tus manos y ora: «Señor, por favor, entra en mi corazón y perdona mis pecados. Acepto al Señor Jesucristo como mi Señor y Salvador. Creo que murió en la cruz y resucitó al tercer día. Rompe todas las cadenas en mi vida. Espíritu Santo, desde este día en adelante, sé mi guía, mi consolador y mi mejor amigo en el nombre de Jesús, Amén».

Capítulo 4

La oración revive tu música

«Buscad a Jehová y su poder;
Buscad su rostro continuamente»
(1 Crónicas 16:11 RVR1960).

ALEXANDRA BELLORINNI

¿Cuándo debes orar?

El afán de la vida y las tinieblas se ponen de acuerdo para que nosotros no busquemos el rostro del Señor en oración. Muchas veces podemos sentir como que no hay tiempo suficiente en el día para orar. Pero, como un día me dijo un pastor muy sabio: «todos tenemos veinticuatro horas en el día».

La realidad es que la oración es vital en nuestras vidas, ya que es una de las armas más poderosas que tiene el cristiano. Y es precisamente cuando más difícil se nos hace orar (por dolor, por enfermedad, por cansancio, etc.) que debemos hacerlo, porque donde hay sacrificio hay victoria; incluso, la oración que cuesta es la más poderosa.

Adicionalmente, cuando nos comunicamos con Dios diariamente (como nos aconsejan las Sagradas Escrituras en *1 Crónicas 16:11*), seremos inseparables del Espíritu Santo. La oración es como un músculo que debe ejercitarse constantemente. El cristiano debe orar sin cesar *(1 Tesalonicenses 5:16)*.

A medida que usted desarrolle el hábito de la oración, esta será el arma más poderosa para encontrar, retomar y mantener tu música, porque serás un íntimo del Espíritu Santo.

La música se encuentra en nuestra intimidad con Dios

«Yo iré delante de ti, y enderezaré los lugares torcidos; quebrantaré puertas de bronce, y cerrojos de hierro haré pedazos; [3] *y te daré los tesoros escondidos, y los secretos muy guardados, para que sepas que yo soy Jehová, el Dios de Israel, que te pongo nombre»* **(Isaías 45:2-3 RVR1960).**

En este versículo, Dios le hace al pueblo de Israel una hermosa promesa. Este pueblo fue infame por entregar su corazón a dioses falsos. Pero Jehová les recuerda todo lo que Él hará por ellos con el propósito de que volvieran a buscar su rostro una vez más. Estas mismas promesas también son para nosotros si decidimos acercarnos a Él, quien promete que enderezará los lugares torcidos, quebrantará puertas, nos entregará riquezas, y nos enseñará secretos guardados. ¡Todo esto hará sin tan solo lo buscamos!

¿Pero quiénes son los privilegiados que alcanzarán estas cosas? **Los que alcanzan estas promesas son los íntimos de Dios.** Debemos procurar ser amigos cercanos de Dios pasando tiempo con Él, estudiando su Palabra, ayunando y en constante comunicación. Este tipo de personas son los que no esperan que Dios les toque la puerta, sino que ellos le tocan la puerta a Él y lo visitan. No son individuos que se enfocan en pedir o que tienen un interés en una agenda personal, sino que son personas que lo aman, y realmente desean conocerlo y pasar tiempo de calidad con Él.

En la oración encontramos la voluntad del Padre

«Yendo un poco adelante, se postró sobre su rostro, orando y diciendo: Padre mío, si es posible, pase de mí esta copa; pero no sea como yo quiero, sino como tú» (Mateo 26:39 RVR1960).

Jesús nunca perdió su música a pesar de las circunstancias tan difíciles que tuvo que enfrentar. Una de las cosas que Jesús nos enseñó fue que la constante comunicación con el Padre nos mantiene bajo su voluntad. Este versículo nos muestra que Jesús, siendo Hijo de Dios, también era vulnerable como hombre. Jesús sabía que muy pronto iba a ser entregado para ser crucificado, y en su angustia le manifestó al Padre que, si era posible, le permitiera saltar ese proceso; sin embargo, inmediatamente el Espíritu de Dios le recordó su propósito en la tierra y rindió su voluntad a la del Padre. Por eso Jesús dijo: *«...no sea como yo quiero, sino como tú»*. Aunque Jesús vino a la tierra como hombre, Él conocía muy bien su propósito en la tierra antes de ser glorificado.

En el caso de Jesús, la voluntad del Padre era que muriera por el pecado del mundo en la cruz del Calvario para que todo aquel que en Él crea no se pierda, sino que tenga vida eterna *(Filipenses 4:13)*. En nuestro caso, la voluntad del Padre es que llevemos este mensaje de salvación por todo el mundo y prediquemos el evangelio.

Mientras hagamos la voluntad del Padre en la tierra la música siempre vivirá en nuestro interior aun cuando quisiéramos que Él pasare de nosotros esta copa.

La oración nos ayuda a dominar nuestros pensamientos y emociones

Asimismo, Jesús nos estaba enseñando que la oración nos ayuda a controlar nuestras emociones y pensamientos. En este versículo bíblico (Mateo 26:39) vemos que, por unos segundos, la humanidad de Jesús quiso tomar el control de su mente y de sus emociones. Es obvio que en Jesús existían pensamientos y emociones humanas porque Él estaba en carne y hueso al igual que nosotros, pero Él sabía llevar estas emociones y estos pensamientos cautivos a través de la oración, pues, así como el dolor y la angustia le tocó la puerta a Jesús para intentar robarle su música, así mismo lo hará con nosotros, pues si somos como Jesús y llevamos cautivos en oración las cosas que quieren robar nuestra música, siempre el Espíritu Santo nos dará las fuerzas para superar las pruebas y momentos de dificultad.

«Mas él se apartaba a lugares desiertos, y oraba» **(Lucas 5:16 RVR1960)**.

Jesús conocía muy bien el poder de la oración y, por esa razón, Él frecuentemente se separaba de la gente y se iba al lugar secreto a hablar con su Padre. De los doce apóstoles, Jesús acostumbraba a llevarse con Él a tres de sus íntimos para buscar el rostro de Jehová de madrugada. Así como estos tres apóstoles entraban en la habitación del Padre mientras los otros dormían, así mismo debemos hacerlo los íntimos de Jehová.

Revive tu música en el lugar secreto

«Mas tú, cuando ores, entra en tu aposento, y cerrada la puerta, ora a tu Padre que está en secreto; y tu Padre que ve en lo secreto te recompensará en público» **(Mateo 6:6 RVR1960)**.

Jesús nos enseña que su Padre se encuentra en el lugar secreto (curiosamente lo hace cuando los fariseos acostumbraban a orar en voz alta y en público), y para poder entrar a este lugar, es necesario que primero nos apartemos y lo busquemos en privado. Este lugar no es físico, ni se está refiriendo a algún sitio específico, sino que es uno donde no existen las distracciones, las preocupaciones o problemas, ni ningún pensamiento fuera de alabar y glorificar a Dios. Es un lugar donde podemos disfrutar de una atmósfera espiritual correcta que nos permita entrar en profundo diálogo con Dios.

Cuando Jesús estaba pasando por tiempos de dificultad, Él se retiraba al lugar secreto a buscar la presencia de Dios Padre. Así mismo, en los tiempos difíciles, apártate, cierra tu puerta y corre al lugar secreto. En este lugar sentirás el amor incondicional de Cristo, el Espíritu Santo te confortará, y por si fuera poco, el Padre te honrará en público.

La oración conquista milagros y rompe cadenas

Recuerdo que a los trece años, yo experimenté mi primer milagro, y todo a través de una oración de uno de sus siervos. Dios me sanó y completamente removió una hernia, cuando fui a un pequeño servicio en una iglesia y el hombre que predicaba estaba lleno del Espíritu de Dios. Ese día oró por cinco personas con hernias y otros que estaban gravemente enfermos. Cuando hizo el llamado, pasé adelante y creí. El predicador oró por mí y mi hernia desapareció. Lo que este siervo había conquistado en su intimidad con Dios fue manifiesto en público y yo salí beneficiada. Al igual, lo que tú conquistes en tus oraciones íntimas será manifestado en público y no solo tú serás beneficiado, sino que serás de bendición para otros.

¡Por mucho tiempo escuché a mi hermana hablar de un Dios de milagros, pero hasta ese día me di cuenta de que era real y que sí existía! ...Al igual que este siervo, nosotros también podemos conquistar milagros en el lugar secreto. Cuando vivimos una vida de oración, no solo nos persiguen los milagros, sino que también a través de las señales estamos testificando de la existencia de Dios y su poder.

Cuando Jesús murió y resucitó en la cruz, además de librarnos de nuestros pecados, también rompió las cadenas de aislamiento entre el cielo y la tierra. Por esta razón, hoy en día las personas que viven una vida de oración viven con los cielos abiertos a su favor.

Un grupo de jóvenes considerados íntimos de Dios que vivían con los cielos abiertos fueron Sadrac, Mesac y Abed-nego. Ellos vivían una vida de oración y fueron revestidos de gracia y favor porque sus corazones eran conformes al corazón de Dios. Cuando el rey Nabucodonosor pidió al pueblo que alabaran y adoraran a una estatua de oro, Sadrac, Mesac y Abed-nego se negaron, por lo tanto, estos tres judíos fueron acusados de violar la nueva ley y el rey los confrontó, pero su respuesta fue absolutamente increíble:

«Sadrac, Mesac y Abed-nego respondieron al rey Nabucodonosor, diciendo: No es necesario que te respondamos sobre este asunto. [17]*He aquí nuestro Dios a quien servimos puede librarnos del horno de fuego ardiendo; y de tu mano, oh rey, nos librará.* [18]*Y si no, sepas, oh rey, que no serviremos a tus dioses, ni tampoco adoraremos la estatua que has levantado.* [19]*Entonces Nabucodonosor se llenó de ira, y se demudó el aspecto de su rostro contra Sadrac, Mesac y Abed-nego, y ordenó que el horno se calentase siete veces más de lo acostumbrado»* **(Daniel 3: 16-19 RVR 1960)**.

Esta fue una respuesta muy valiente e interesante. Estos hombres fueron unos grandes hombres de fe, ¡pero esta es una respuesta sobrenatural! Creo que el Espíritu de Dios puso estas palabras en su boca y les dio la seguridad de que los cielos estaban a su favor, pues declararon «*Dios nos librará del horno de fuego ardiendo*». Y cuando fueron arrojados allí, apareció una cuarta persona que estuvo allí con ellos, era Elohim (el hijo de Dios):

«Y él dijo: He aquí yo veo cuatro varones sueltos, que se pasean en medio del fuego sin sufrir ningún daño; y el aspecto del cuarto es semejante a hijo de los dioses» **(Daniel 3:25 RVR1960).**

¡El rey estaba asombrado! Cuando los sacó, no había una sola quemadura, rasguño o señal de fuego en sus cuerpos o ropas. Y a partir de ese día, el rey Nabucodonosor permitió que todos los judíos adoraran al Dios de Sadrac, Mesac y Abed-nego **(Daniel 3:29-30)**.

Los cielos están a nuestro favor también, entonces, ¿qué estás esperando? ¡Levántate y ora! Cuanto más te acostumbres a orar y a encontrar el lugar secreto en tu oración diaria, más rápido recuperarás tu música.

Cómo lograr que las peticiones sean contestadas

«Pedid, y se os dará; buscad, y hallaréis; llamad, y se os abrirá» **(Mateo 7:7 RVR1960)**.

Jesús quiere que entendamos que sí podemos expresarle nuestras necesidades. Aunque Dios ya las conoce, a Él le gusta que le pidamos, pues cuando hablamos con Jesús estamos en libertad de expresarle nuestros sueños, deseos y necesidades; sin embargo, las mejores peticiones son las que el Espíritu Santo pone en nuestro corazón.

Recuerdo que mi esposo y yo tuvimos en nuestro corazón una petición muy especial por varios años, tiempo en el que por un momento nuestra fe menguó debido a las circunstancias que nos rodearon, al punto que dejamos de pedirle a Dios por eso y decidimos «enterrarla» de algún modo (a pesar de que el deseo seguía latente en nosotros). Pero un día el Espíritu Santo (que analiza nuestros corazones y nos conoce) me recordó esa petición y me indicó escribirla en mi cuaderno de oración para orar por ella constantemente hasta ver el milagro hecho. Así lo hice, y unos días después recibimos una llamada que cambió el rumbo de nuestra historia; sin lugar a dudas, vimos la mano de Dios moverse, haciendo lo imposible sin que nosotros hiciéramos nada más que orar y creer. Esa petición se cumplió y fue el principio de un milagro progresivo que tardó aproximadamente tres años para ser completamente conquistado, pero comenzó esa misma semana a manifestarse. No hicimos nada más que obedecer y orar hasta que el milagro se terminó de manifestar.

Si perdiste tu música porque no viste la mano de Dios en el momento en que tú pensaste que era necesaria, tengo que decirte que la mano de Dios sigue a tu favor, y el tiempo de Dios es perfecto. Te animo a que saques esas peticiones escondidas o enterradas y las traigas ante la presencia de Dios, a los pies de Cristo y que alimentes esa petición con la oración y la fe.

Porque quien ora vive con los cielos abiertos,
y si esa petición es buena ante los ojos de Dios,
Él te la concederá,
porque Él es el Dios de milagros.

La oración nos aleja del pecado

Otra cosa que la oración alcanza es apartarnos del pecado. Cuando una persona peca, lo último que quiere hacer es orar, porque el pecado nos aleja de Dios. Ahora bien, el pecador necesita orar para acercarse a Dios y así no pecar más. Mientras más oremos es menos probable pecar. Pero el íntimo ya no ora para no pecar, sino que vive una vida consagrada para Dios, y **quienes viven una vida de oración logran dominar los deseos de la carne.**

¡Conságrate y haz la oración parte de tu vida!

Cómo orar eficazmente

Hace un tiempo atrás yo me sentía muy cansada y agotada por el trabajo y las responsabilidades en mi hogar, entre otras cosas. Me sentía tan agotada que, cuando llegaba la hora de oración, yo solo quería dormir. Entonces, pensé que, si estuviera más tiempo en mi casa, oraría más. Así que comencé a pedirle a Dios más tiempo en mi hogar, y un día, mi petición se cumplió; esperaba un bebé y mi esposo y yo vimos conveniente que dejara mi empleo, entonces comencé a pasar más tiempo en casa. Pero de pronto, me di cuenta de que estaba igual o incluso más ocupada que antes y entendí que la verdad es que el mismo diario vivir trata de impedir nuestra oración.

Muchas personas desean ser íntimos de Dios, pero necesitan ayuda para saber cómo orar de la manera correcta. La oración es clave, y cuando oramos, debemos dar gracias, alabar, confesar nuestros pecados y luego introducir nuestras peticiones. Cuando nos comunicamos efectivamente con Dios, aprovechamos nuestro tiempo de oración al máximo, y para ello recomiendo la oración de madrugada, tal como lo hacía Jesús.

«Entrad por sus puertas con acción de gracias, Por sus atrios con alabanza; Alabadle, bendecid su nombre» **(Salmos 100:4 RVR1960).**

Recomendaciones para orar:

1. Da gracias

¡Dios ha sido bueno! Si no lo crees no podrás crear una relación y un compañerismo con Él. Todo lo bueno que has tenido en tu vida, tus hijos, tu familia, tu trabajo y demás cosas buenas te las ha entregado Dios. En esta etapa de oración debes darle las gracias a Él por su gracia y mostrarle tu agradecimiento. Esto nos lo aconsejó David, quien era un íntimo de Jehová.

2. ¡Alaba y adora!

Otro consejo de David es que le alabemos. En un ambiente de alabanza, Jesús debe ser el centro de atención, por lo tanto, nuestros deseos y necesidades nunca pueden ser la razón por la que alabamos. Esta es nuestra oportunidad de transmitirle al Padre todo lo que nuestro corazón siente por Él.

«Y me buscaréis y me hallaréis, porque me buscaréis de todo vuestro corazón» (Jeremías 29:13 RVR1960).

3. Búscale con sinceridad

Debemos buscar a Dios de todo corazón y venir delante de su presencia con humildad y sencillez. Esto significa que confesemos nuestros pecados y nos arrepintamos de ellos. Recuerda que a Jesús no le podemos esconder nada porque Él conoce todos nuestros pensamientos.

Estás a salvo en el lugar secreto

«Porque en el día de la angustia me esconderá en su tabernáculo; en lo secreto de su tienda me ocultará; sobre una roca me pondrá en alto» (Salmos 27:5 NBLA).

Si has perdido tu música, tal vez ha sido porque no encuentras las palabras para hablar con Él. Quizás la tristeza, las dudas, el enojo o la vergüenza te han impedido hablar con Él. Pero en este día, Jehová quiere que tú le entregues el corazón y vuelvas tu rostro hacia su persona. Así que, toma el primer paso, arrodíllate en privado y en ese silencio deja que tu corazón hable por ti. No tengas vergüenza de llorar porque el Espíritu Santo está contigo y Él te abrazará y confortará. Búscalo en el lugar secreto, y Él te esconderá en su tabernáculo.

Capítulo 5

Un encuentro en el desierto

«El desierto es un lugar donde podemos aprender a escuchar su voz».

ALEXANDRA BELLORINNI

Procura un encuentro con Dios

Cuando la música se detiene en nuestras vidas, es decir, cuando nuestra adoración a Dios se paraliza, se siente como si estuviéramos en un lugar árido, seco, sin agua, como si fuese un desierto, y en muchas ocasiones, llegamos a pensar que este desierto no pasará, pero la realidad es que sí; y para hallar prontamente la salida, necesitamos ser guiados por el Espíritu Santo; y para ser guiados por el Espíritu, es necesario acercarnos a Dios; porque su Palabra dice: *«acercaos a Dios, y él se acercará a vosotros»* **(Santiago 4:8)**.

Necesitamos entregarle nuestra vida a Jesucristo si aún no lo hemos hecho, y entonces, el Espíritu Santo nos dará la dirección y nos sacará de la tierra árida. Muchos creen que cuando salgan del desierto tendrán un encuentro con Dios, pero pasa el tiempo y continúan en el mismo lugar, porque en realidad es el desierto el escenario donde debemos encontrar a Dios y así avanzar.

La Biblia es el libro más importante para nuestras vidas, pues es la guía que nos muestra las promesas de Dios y el camino a seguir, son las enseñanzas del Creador del universo para un andar de bendición aquí en la tierra. Allí Dios promete levantarnos y restaurarnos. Cuando Jacob tomoì la primogenitura que le pertenecía a su hermano Esaú, su madre (Rebeca) lo envió para protegerlo a la casa de su hermano llamado Labán, porque Esaú había dicho que le quitaría la vida a Jacob. Aunque Jacob tenía la bendición, se encontró en un desierto; podemos notar en esta historia que, aunque una persona haya sido bendecida por Dios, pasará por situaciones de dificultad que le llevarán a un desierto. Así que, si te encuentras en un desierto hoy, recuerda que no eres el único, ni el primero ni el último. El relato bíblico nos continúa diciendo:

«Salió, pues, Jacob de Beerseba, y fue a Harán. [11]Y llegó a un cierto lugar, y durmió allí, porque ya el sol se había puesto; y tomó de las piedras de aquel paraje y puso a su cabecera, y se acostó en aquel lugar. [12]Y soñó: y he aquí una escalera que estaba apoyada en tierra, y su extremo tocaba en el cielo; y he aquí ángeles de Dios que subían y descendían por ella. [13]Y he aquí, Jehová estaba en lo alto de ella, el cual dijo: Yo soy Jehová, el Dios de Abraham tu padre, y el Dios de Isaac; la tierra en que estás acostado te la daré a ti y a tu descendencia. [14]Será tu descendencia como el polvo de la tierra, y te extenderás al occidente, al oriente, al norte y al sur; y todas las familias de la tierra serán benditas en ti y en tu simiente. [15]He aquí, yo estoy contigo, y te guardaré por dondequiera que fueres, y volveré a traerte a esta tierra; porque no te dejaré hasta que haya hecho lo que te he dicho. [16]Y despertó Jacob de su sueño, y dijo: Ciertamente Jehová está en este lugar, y yo no lo sabía. [17]Y tuvo miedo, y dijo: !!Cuán terrible es este lugar! No es otra cosa que casa de Dios, y puerta del cielo. [18]Y se levantó Jacob de mañana, y tomó la piedra que había puesto de cabecera, y la alzó por señal, y derramó aceite encima

de ella. ¹⁹Y llamó el nombre de aquel lugar Bet-el, aunque Luz era el nombre de la ciudad primero» **(Génesis 28:10-19)**.

Jacob salió de Beerseba y en su camino a Harán tuvo su gran encuentro con Dios. En este lugar inhóspito, donde se encontraba solo, quizá preguntándose «¿cómo llegué aquí?», fue donde el Señor se le apareció en sueños y él pudo ver una escalera en la que ángeles de Dios subían y bajaban. Podemos notar entonces que Jacob nunca estuvo solo, porque los ángeles primero subían y después descendían, dando a entender que le acompañaban. Pienso que muchas veces creemos que estamos solos debido a las dificultades que estamos viviendo, pero no nos damos cuenta de que, así como le pasó a Jacob, Dios siempre está con nosotros brindándonos su ayuda.

Es precisamente en esos momentos de soledad y confusión cuando más sensibles estamos a la voz de Dios, quien nos habla y nos recuerda su propósito para nuestras vidas. Él es bueno y hoy te hace la misma promesa que le hizo a Jacob: «...*yo estoy contigo, y te guardaré por dondequiera que fueres ...porque no te dejaré hasta que haya hecho lo que te he dicho» (15)*. Cuando tenemos este tipo de encuentro, nace una adoración genuina de nuestros corazones.

«Y se levantó Jacob de mañana, y tomó la piedra que había puesto de cabecera, y la alzó por señal, y derramó aceite encima de ella» (18).

Nada es más refrescante y satisfactorio que encontrarse con Dios en su casa (Betel) en medio de un desierto. Él es el agua de vida que tiene las respuestas que estás buscando, la paz y la alegría que necesitas. Un encuentro con Dios siempre fortalecerá la fe y es aquí cuando vuelve tu música, **en un encuentro con Dios en medio del desierto.**

Reúnete con Dios una y otra vez

Después que Jacob tuvo su primer encuentro con Dios, anheló más. Pues después de esa maravillosa experiencia con el Creador, la persona queda impactada anhelando que se repita nuevamente. Pues nada satisface más nuestro interior, es decir, nuestro espíritu, que seguir teniendo encuentros con Dios. ¡Tenemos que reunirnos diariamente con Él!

Encuentra la voz de Dios en el desierto

El desierto es un lugar donde podemos aprender a escuchar su voz:

*«Pero he aquí que yo la atraeré y la llevaré al desierto, y hablaré a su corazón» **(Oseas 2:14)**.*

El Señor le mostró a Oseas que Él tendría que llevar a Israel al desierto para que el pueblo de Israel volviera su corazón a Él. De la misma manera sucede con nosotros, el Señor permite que lleguemos a un desierto (situación difícil) para que volvamos nuestros corazones a Él y aprendamos a escuchar su voz, de modo que nuestros oídos espirituales sean abiertos.

Para poder escuchar la voz de Dios en el desierto, es necesario que haya silencio, porque muchas veces no escuchamos a Dios por el ruido que hay alrededor de nosotros que no nos permite oír claramente a Dios. Este ruido se traduce en el afán, las distracciones, los problemas e incluso diferentes personas que vienen a nosotros y nos impiden tener el tiempo de quietud y de silencio necesario para escuchar la voz de Dios.

Durante un tiempo, mi esposo y yo pasamos por un desierto donde aprendimos mucho, pues estuvimos ayunando y orando, buscando el respaldo y la dirección de Dios, y para ello estábamos conscientes de nuestra necesidad de tener un nuevo encuentro con Él. Entonces, pasó que unas noches antes de que mi esposo tuviera que enfrentarse a este gigante (un asunto muy importante), alguien me despertó a las cuatro de la mañana y por primera vez en mi vida escuché una voz audible de manera sobrenatural que, incluso, me asustó por un momento. Esa voz me dijo: «Alexandra, dile a tu esposo que se quite los audífonos». Yo estaba quieta, en estado de shock, y mis ojos se abrieron, e inmediatamente pude discernir que era un ángel enviado por Dios que me estaba hablando, pues, incluso, podía sentir su presencia en nuestra habitación.

Dios nos envió un mensaje que sinceramente no entendí en el momento. Desperté a mi esposo y le conté lo que me había pasado. Él entendió el mensaje y me dijo: «Dios quiere que bloquee las distracciones del mundo que hay en mi vida y que me concentre solo en Él». Mi esposo también entendió que teníamos que buscar a Dios y levantarnos de madrugada a orar y así lo hicimos. Sucedió entonces que la noche antes de que mi esposo se fuera para tratar de resolver este asunto, soñé que él estaba en camino para enfrentar el problema, mientras una voz me decía: «está listo». Al mismo tiempo, pude ver muchos aceites que se usan para automóviles colocados al lado de la puerta, en la entrada de nuestra casa. El sueño fue increíble porque leímos en **Salmos 23:5** antes de acostarnos, que dice: *«Aderezas mesa delante de mí en presencia de mis angustiadores; Unges mi cabeza con aceite; mi copa está rebosando»*.

Una vez más, le conté el sueño a mi esposo, quien antes de irse al amanecer, miró su automóvil y se dio cuenta de que literalmente necesitaba aceite (¡debía hacer un viaje de varias horas y no hubiera llegado a tiempo sin aceite en el motor!). El sueño fue una advertencia, pero también un símbolo de que Dios había ungido a mi esposo y estaba listo para «la batalla».

Cuando nosotros buscamos a Dios, Él se encuentra con nosotros en el camino. Mi esposo y yo buscábamos un encuentro para pedirle dirección, y Él nos escuchó. A mediodía, yo estaba recibiendo una llamada de su parte diciéndome que Dios nos había dado la victoria y que nuestros problemas habían sido resueltos, y por si fuera poco, también sus angustiadores fueron avergonzados.

Entonces, ¿cómo podemos escuchar la voz de Dios? En primer lugar, debemos «quitarnos los audífonos» y apagar el ruido que hay a nuestro alrededor, de modo que haya silencio y podamos escuchar a Dios. Esto se logra cuando nos apartamos para ayunar, orar y leer la Palabra de Dios. Si así hacemos, tendremos un encuentro con el Rey.

Capítulo 6

Tu música depende de tu fe

«Pero sin fe es imposible agradar a Dios; porque es necesario que el que se acerca a Dios crea que le hay, y que es galardonador de los que le buscan» **(Hebreos 11:6 RVR1960).**

ALEXANDRA BELLORINNI

Sin música hay falta de fe

Era un miércoles por la noche como cualquier otro. Habíamos ido al servicio de oración en la iglesia y ya estábamos exhaustos de camino a casa (nuestra hija de un año y nuestro hijo de tres se aseguraron de que lo estuviéramos). Cuando llegamos a casa, salí del auto e inmediatamente ayudé a mi hijo Elí a salir de su asiento mientras mi esposo tenía a la bebé...

Durante los meses de invierno, mi esposo siempre tenía la costumbre de abrir la puerta primero antes de que el resto de nosotros hiciéramos fila en la puerta tratando de escapar del clima frío. Pero cuando abrió la puerta esta vez, su reacción fue un poco extraña, no volvió a buscar a la bebé y entró a la casa en estado de shock. Cuando vi su reacción supe que algo estaba mal. Me quedé con los niños mientras mi mamá entraba con él. «Dios mío», fue todo lo que los oí decir. «Quizás entró un ladrón», pensé, pero cuando entré a la casa escuché un montón de agua, mi pensamiento inmediato fue que llovió y tal vez el techo tenía un agujero. A medida que me acercaba a la sala, vi que tanto mi madre como mi esposo se quedaban mirando al techo y no hacían nada. Había agua por todas partes, y mi piso de madera hermoso y nuevo estaba cubierto de agua...

Mis sofás estaban empapados y el agua se había esparcido por toda la cocina, el comedor y el piano. Inmediatamente, subí las escaleras, tomé toallas y todo lo que pude encontrar para absorber el agua y salvar mis pisos. Luego miré hacia los baños de los niños, y vi que el piso estaba empapado y destruido. Alguien había dejado el lavabo de manos con el agua fluyendo mientras estábamos en el servicio de oración. «Es inútil, Alex», dijo mi esposo al verme tirar toallas y edredones por todas partes. «Tus pisos ya no sirven», exclamó (amo el lado realista de mi esposo, pero realmente me molestaba en ese momento, no quería escuchar eso).

La verdad de este asunto es que por mucho que amaba mis pisos de madera, pasé meses quejándome por lo difícil que era limpiarlos. De igual forma estuve hablando por meses de cómo los niños seguían rascándolo con sus juguetes y entonces dejé de tener fiestas de cumpleaños en casa porque aparentemente los niños pequeños no entendían cuánto nos habían costado estos pisos, ya que traían juguetes afilados y ásperos que de alguna manera habían creado enormes marcas en mis pisos (pasaba horas tratando de deshacerme de las marcas). Yo era demasiado agradable para detenerlos y tenía la esperanza de que sus padres lo hicieran por mí, pero muchas veces eso no sucedía. Finalmente, Dios escuchó todas mis quejas ridículas, vio todo el tiempo que perdí en una cosa material y le disgustó.

Mi esposo sabía cómo funcionaba este tipo de cosas y me advirtió: «Alex, prepárate para unos meses así, está bien ...». Tenía más que razón; fueron necesarios al menos tres meses para que nuestra casa volviera a parecer una casa. Ya atravesando un desierto, lo último que necesitábamos era esto, y sinceramente sentí durante esos tres meses que no había paz en mi casa. El ruido de las máquinas secando y la construcción constante me estaban volviendo loca. Traté de comprender por qué nos estaba pasando esto, y aún más, por qué tuvo que suceder mientras estábamos en el servicio de oración...

Gracias al Señor, el seguro nos informó que ellos nos enviarían un cheque por las reparaciones. Entonces, sabíamos que, si reparábamos la casa nosotros mismos, quizás nos sobraría dinero, por lo que le pedí a Dios una cifra monetaria en mi mente. Compartí esa cantidad con mi esposo y pensé que después de todo ese estrés, Dios me recompensaría. Como testimonio para la gloria del Rey, así mismo ocurrió, después de todas las reparaciones, nos sobró dinero, y ¿me creerás si te digo que exactamente el mismo número que le pedí a Dios y le dije a mi esposo fue la cifra que venía en el cheque? Este dinero nos ayudó a salir de la deuda de las tarjetas de crédito. Después de cobrar el cheque, recordé que ese mismo miércoles por la noche en oración, le pedí a Dios (nuevamente) que nos ayudara a salir de la deuda de las tarjetas de crédito.

Dios no solo respondió a mi petición, sino que me mostró que Él tiene sentido del humor y que las oraciones no siempre son respondidas de la manera que queremos. Nuestro trabajo es orar por lo que necesitamos; su trabajo es hacerlo, a su manera. Y cuando Él comienza el proceso, nuestro trabajo es dejar de quejarnos y creer.

Entonces, ¿qué pasó con mi piso de madera? Lo reemplacé por algo menos estresante: vinilo. Ahora, los niños pueden correr y jugar todo lo que quieran, y eso ya no me molesta y las fiestas de cumpleaños regresaron a celebrarse en nuestro hogar.

Dios está trabajando incluso cuando no podemos verlo

Uno de los problemas comunes que enfrentan las personas que han perdido su música es que a menudo piensan que Dios ya no está con ellos o de su lado. El silencio de Dios no es necesariamente una señal de partida. Sin embargo, hay momentos en nuestra vida en los que Dios simplemente guarda silencio porque desea ver cómo reaccionaremos y si seguiremos sirviéndole. Durante un tiempo de silencio es común que parezca que sus oraciones no han sido escuchadas. Pero, de hecho, Dios no se ha ido, y es importante que nuestra fe sea fortalecida durante estos tiempos.

En otra ocasión, mi esposo y yo habíamos adquirido deudas mientras que yo no estaba empleada. Las cosas se estaban dañando, desde mi coche hasta la cafetera, desde el aire acondicionado hasta el microondas. El trabajo de mi esposo estaba en peligro y yo no estaba trabajando; mientras, también estaba esperando a nuestro segundo bebé. Tuvimos que cerrar las puertas de nuestro negocio familiar y con ocho meses de embarazo no tuve más remedio que empezar a buscar trabajo. Envié mis datos a todas partes, pero sentí que el valor de mi licenciatura era inútil porque ninguna empresa me mandaba ni siquiera un correo electrónico de vuelta. No teníamos ahorros ni dinero para nuestro bebé, ni dinero para reparar las cosas dañadas en nuestra casa. No había dinero para nada y lo más importante: ¡no había dinero para una nueva cafetera!

Pasamos muchas noches sin dormir preocupándonos por las deudas, incluso, llegaban a mi mente muchos dardos del enemigo diciendo que nuestras oraciones no habían sido escuchadas; sin embargo, ¡Dios proveyó! Comenzamos a ver muchos milagros, cheques nos llegaban a la casa, nos regalaron un coche y muchas cosas más sucedieron. ¡Incluso apareció una HSA (Cuenta de Ahorros para la Salud) milagrosa! No teníamos dinero para cubrir el nacimiento de nuestro hijo hasta que esto sucedió, y esta cuenta para gastos médicos tenía el monto exacto para cubrirlo. Las manos de Dios estaban arreglando y renovando todas las cosas en silencio.

Todas estas pruebas nos estaban preparando para un milagro grande que íbamos a recibir en los días siguientes. Este gran milagro tenía cinco años en oración. Finalmente, Dios estaba respondiendo, ¡pero a su manera, no a la nuestra! Dios tuvo que hacernos atravesar un desierto para prepararnos espiritualmente para lo que tenía reservado para nosotros.

¡Cree en medio de la tormenta!

Cualquiera que sea la prueba que estés enfrentando, tiene el mismo propósito que el mío: fortalecer tu fe. Quiero recordarte una vez más que el ladrón (el diablo) vino para matar, robar y destruir y él está tratando de robar la fe de los cristianos, destruir sus vidas y matar sus almas, esta es una de las muchas razones por la que Dios tiene que ayudarnos a fortalecer nuestra fe, pues sin esta es fácil perder nuestra música en el desierto, y sin fe es imposible agradar a Dios *(Hebreos 11:6)*.

La incertidumbre nos hace olvidar todas las veces que Dios nos ha rescatado. A veces, el desierto es un lugar solitario y silencioso en el que sentimos que nadie nos da una palabra de aliento y el Espíritu Santo no nos habla. Incluso, en el desierto se llegan a presentar tormentas de arena con ruido tenebroso, pero en estos momentos debemos recordar todas las memorias de cuando Dios extendió su mano en nuestras vidas y tener la certeza de que lo volverá a hacer.

Elija ceñirse a todas las promesas que Él le ha hecho. Dios es el dador y el tomador de la vida. No tenemos control de la música o del ruido que suena a nuestro alrededor, pero sí tenemos control de la música que suena en nuestros corazones. Deja que la música en tu corazón sea la que reine y no el ruido que hace la tormenta. ¡Esta música debe ser una ofrenda de alabanza y agradecimiento para Dios!

Mientras más alto adores a Dios,
menos escucharás el ruido de la tormenta de
arena del desierto.

¡La incertidumbre puede causar que pierdas tu música en el proceso, pero debes seguir creyendo! Si dejas de creer que Dios tiene un plan bajo la manga, perderás la batalla. Es normal que la duda te asalte como la niebla en una mañana fría, pero debes reprenderla. Necesitarás fe y valentía para cruzar el desierto, pues, al final de este hay paz, alegría y lo más importante, un plan y un propósito perfecto.

«...Sin fe es imposible agradar a Dios...»
(Hebreos 11:6).

Capítulo 7

Retorna a la visión

«El Espíritu Santo está buscando personas dispuestas a encontrarlo en el silbo apacible y delicado».

Cuando pierdes tu música pierdes tu visión

Alguien que también perdió su música fue Sansón. Por su apetito por el mundo se desenfocó de la visión de Dios y tristemente el Espíritu de Dios se apartó de él. La palabra de Dios dice: *«Y le dijo: ¡Sansón, los filisteos sobre ti! Y luego que despertó él de su sueño, se dijo: Esta vez saldré como las otras y me escaparé. Pero él no sabía que Jehová ya se había apartado de él»* **(Jueces 16:20 RVR1960)**. Por lo que los filisteos lo esclavizaron y le arrancaron sus ojos.

Sansón estaba desenfocado de su relación con Dios y sus ojos fueron arrancados, esto indica que él perdió la visión. Quiero aclarar que la visión y la vista son diferentes. La vista es lo que podemos ver con nuestros ojos, más la visión es el plan de Dios para nuestra vida. La visión no se percibe con los ojos físicos, sino con los ojos espirituales, y una persona que ha perdido su música también ha perdido su visión (el propósito de Dios para su vida), la cual es de suma importancia porque es la que nos mantiene enfocados en Él.

Sansón tenía un problema cíclico y eran los filisteos, quienes al capturarlo le pusieron a dar vueltas en una piedra de molino y sin ojos, esto también es simbólico e indica que cuando se pierde la visión, se cae en un problema cíclico, lo cual pasa con muchas personas quienes se encuentran atrapados y estancados sin la visión de Dios y sin música. Estas personas necesitan restaurar su altar para poder alinearse a la visión de Dios y que su música vuelva a escucharse.

Las Santas Escrituras en la versión Hispano Americana dicen: «*Entonces Sansón invocó al Señor exclamando: Mi Dios y Señor acuérdate de mí; dame fuerzas, aunque sólo sea esta vez, oh Dios, para que de un golpe me vengue de los filisteos que me sacaron los ojos*» *(Jueces 16:28)*. Cuando las fuerzas de Sansón se fueron, él se dio cuenta de que necesitaba al Espíritu Santo para vencer al enemigo que lo rodeaba y maldecía, por eso Sansón clamó a Jehová.

Esta historia es bastante triste porque lo menos que él quería era morir con sus enemigos y sucedió, pero esa no era la visión de Dios para su vida. La visión de Dios para Sansón y para sus hijos es que en todas las batallas nosotros venzamos a nuestros enemigos. El día de hoy, tú y yo tenemos la gran oportunidad de seguir la visión de Dios que contiene bendición, protección y provisión. No permitas que nada de esta tierra ni agentes de las tinieblas te desvíen de la visión del Rey.

¿Cuál es la visión de Dios para ti?

Una de las razones por las que Dios tenía que llevar al pueblo de Israel fuera de Egipto y atravesarlos por el desierto antes de ir a la tierra de Canaán fue para alinearlos con la visión de Dios. Los israelitas estaban tan acostumbrados a la esclavitud y sus corazones estaban tan corrompidos por la idolatría que la visión de Dios en su vida estaba borrosa. Dios le prometió a Abraham un hijo y que tendría una descendencia tan grande como las estrellas del cielo, y también prometió que Israel sería una nación próspera, pero los israelitas se convirtieron en esclavos y se les olvidó quiénes eran en realidad, pues habían perdido su identidad.

En ocasiones, cuando el ser humano atraviesa por tiempos turbulentos, problemas y tribulaciones, se puede olvidar de lo que ya Dios le mostró y puede perder la visión en la cual tenemos que caminar. Desafortunadamente, la primera generación dirigida por Moisés no caminó con la visión de Dios, sino que, cuando le faltó el agua y tuvieron sed, comenzaron a quejarse y a cuestionar el plan de Dios. Tenemos que saber que aunque nosotros con nuestros ojos físicos veamos lo contrario a lo que Dios ha prometido, debemos permanecer firmes en la promesa y saber que en el tiempo perfecto se cumplirá. La Biblia dice en el libro de Números: *«Dios no es hombre, para que mienta, Ni hijo de hombre para que se arrepienta. Él dijo, ¿y no hará? Habló, ¿y no lo ejecutará?»* **(Números 23:19 RVR1960)**.

Es importante que recuerdes continuamente la visión que Dios te ha dado, para que, cuando vengan ciertos desiertos, no reneguemos ni le demos entrada a la duda, pues esta última es uno de los mayores enemigos de la visión.

Retornando a la visión

A medida que el mundo se acercaba al año 2020, las personas más se emocionaban por ver lo que esta nueva década tenía reservado para ellos. Yo misma quería saber lo que Dios tenía para mi vida en este año tan extraordinario, ya que el «2020» se conoce como «Visión perfecta». Durante los primeros meses de esta nueva década, la gente gritaba por todo el planeta: «Este es mi mejor año». Pero eso solo duró unos pocos días, pues de la noche a la mañana nos vimos envueltos en un desastre mundial. En el 2020, vi cómo se rompieron muchos corazones, porque muchas personas se vieron afectadas por un virus, llegando incluso a perder la vida.

Ese año estuvo lleno de sorpresas. Nos encontramos con la noticia de que China estaba luchando contra una extraña enfermedad; las escenas en las redes sociales y las noticias eran como las de una película. Este virus comenzó a extenderse por todo el mundo, con millones de casos y miles de personas muertas. Vi locales comerciales cerrar sus puertas mientras millones de personas eran despedidas. El miedo comenzó a apoderarse de las personas a causa del virus y por los problemas económicos que comenzaron a surgir por no poder ir a trabajar. Las líneas aéreas, los cruceros, los cines, los centros comerciales se detuvieron, y en la mayoría de los Estados Unidos, impusieron restricciones de viaje. El desempleo aumentó a cifras alarmantes y pronto los economistas comenzaron a evaluar y a hablar de que esto se iba a convertir en otra gran depresión como la sucedida en 1929.

Desafortunadamente, este año también llevó a muchas personas a olvidarse de Dios. Aunque la música de adoración no cesó en los servicios llevados por la iglesia a los medios sociales, si desapareció en muchos corazones. Muchos pastores y líderes pensaron que, con la pandemia, iba a haber un despertar espiritual, pero lamentablemente sucedió lo contrario, ya que tres de cada diez personas le dieron la espalda al Señor y abandonaron su visión.

Durante la pandemia, en los templos de las iglesias había silencio porque tuvieron que cerrar sus puertas, pero Dios nunca se quedó en silencio, porque Él siguió hablando con sus íntimos. Elías conocía muy bien la voz de Dios, y cuando Jezabel le intentó matar, la opresión demoníaca fue tan fuerte que Elías se apartó en cuarentena en una cueva. A pesar de que tenía miedo, él sabía reconocer la presencia de Dios. Conocía el sonido y la atmósfera donde Dios se manifiesta para hablar con sus hijos.

«Él le dijo: Sal fuera, y ponte en el monte delante de Jehová. Y he aquí Jehová que pasaba, y un grande y poderoso viento que rompía los montes, y quebraba las peñas delante de Jehová; pero Jehová no estaba en el viento. Y tras el viento un terremoto; pero Jehová no estaba en el terremoto. [12]Y tras el terremoto un fuego; pero Jehová no estaba en el fuego. Y tras el fuego un silbo apacible y delicado. [13]Y cuando lo oyó Elías, cubrió su rostro con su manto, y salió, y se puso

a la puerta de la cueva. Y he aquí vino a él una voz, diciendo: ¿Qué haces aquí, Elías?» (1 Reyes 19:11-13 RVR1960).

Al igual que Elías, nosotros estuvimos en cuarentena. Y aunque muchas personas no supieron aprovechar ese tiempo, muchos sí lo hicieron buscando a Dios con toda la pasión de su corazón. Y a muchos de nosotros Dios nos habló referente a nuestra visión. Al igual que Elías, los íntimos de Jehová sabían que Dios no desciende a hablar con nosotros en el viento ni en el terremoto o en el fuego, pero sí en el silbo apacible y delicado. Sus cercanos se refugiaron en las Santas Escrituras, pasaban tiempo en oración y ayuno esperando que hablara la tranquila voz de Dios, y algunos de los que habían perdido la visión se dieron cuenta y decidieron restaurar su altar junto a los íntimos de Dios.

Antes de la pandemia, muchos apóstoles, pastores y líderes ministeriales estábamos ocupados con la familia, el trabajo y el ministerio, pero Dios anhelaba tener un tiempo especial con nosotros para fortalecer nuestra visión y hablarnos en el silbo apacible y delicado, ya que había viento, fuego y terremoto, es decir, mucho ruido y afanes en nuestra vida, que desaparecieron durante ese tiempo en el que tuvimos que estar en casa.

Personalmente, hablé con un pastor de una iglesia local que me explicó lo que Dios mostró a sus hijos durante la pandemia:

«Y es que, en el tiempo de la cuarentena, a muchos creyentes sus ojos espirituales les fueron abiertos, porque muchas de las profecías que están en la Biblia que hablan de un sistema anticristo se hicieron visibles. En la pandemia, los gobernantes de las naciones le ordenaron a todo el mundo a quedarse en sus casas y las personas solo podían hacer lo que los gobernantes ordenaran; es decir, ellos tenían total control sobre cada persona en el mundo. Esto hizo a los creyentes ver casi realizada la profecía de la que se habla en el libro de Daniel y Apocalipsis sobre un gobierno que tendrá control del mundo entero; eso nos hizo darnos cuenta de muchas cosas y retomar una verdad y una oración que se nos enseñó desde el principio de la fundación de la iglesia: que nosotros (los cristianos) lo mejor que podemos hacer es orar por los que todavía están en tinieblas. Y en el tiempo de la cuarentena, nuestra oración paró de ser "Dios bendíceme" a interceder intensamente por aquellos que estaban en tinieblas. La iglesia retomó este clamor porque todos temían que había llegado el tiempo del anticristo. Pero en realidad, esta petición siempre debió ser parte de nuestras oraciones diarias, para que El Señor realizara su obra en medio de aquellos que aún no le conocen».

Durante la pandemia del año 2020, muchos experimentaron un despertar espiritual porque buscaron a Dios profundamente en oración y ayuno. Y aunque la pandemia fue un terrible evento para el mundo, muchos retornaron a la visión que Dios les dio y su música se volvió a escuchar.

Camina en la visión de Dios para tu vida

Cuando una persona pierde su música, la visión se torna borrosa e, incluso, puede llegar a ser olvidada. Pero cuando buscamos a Dios en intimidad, Él restaura nuestra visión. Por eso, en el libro de Apocalipsis, Jesucristo le dice a la iglesia de Laodicea (la cual muchos eruditos y estudiosos de la Biblia están de acuerdo en que representa a la iglesia de nuestros días), «unge tus ojos con colirio, para que veas». Colirio es una medicina para la vista que desde la antigüedad hasta nuestros días se utiliza eficazmente para aclarar la visión; en otras palabras, Dios los estaba llamando a retomar su visión.

Capítulo 8

Confía en el Dios de milagros

«Y él le dijo: El año que viene, por este tiempo, abrazarás un hijo. Y ella dijo: No, señor mío, varón de Dios, no hagas burla de tu sierva. [17]Mas la mujer concibió, y dio a luz un hijo el año siguiente, en el tiempo que Eliseo le había dicho»
(2 Reyes 4:16-17 RVR1960).

La confianza de la mujer sunamita

Alguien que no permitió que su música se detuviera fue la mujer sunamita. La Biblia nos narra la historia de que ella entendió que Eliseo era un varón santo de Dios, por lo que le pidió a su marido preparar una habitación en su casa para poder hospedar al profeta. Esta mujer era muy próspera y sabia, y el profeta Eliseo en agradecimiento quiso bendecirla y se enteró por medio de su siervo (Giezi) que ella no tenía hijos. Entonces Jehová la bendijo y la mujer concibió y dio a luz un hijo el año siguiente. Pero algo inesperado pasó en su vida, luego de recibir su preciado regalo (su hijo), el enemigo quiso quitarle la bendición y la felicidad que Dios le había entregado. Su música estuvo a punto de detenerse, pero esta mujer hizo algo que cambió el rumbo de su historia:

«Y el niño creció. Pero aconteció un día, que vino a su padre, que estaba con los segadores; ¹⁹ y dijo a su padre: !!Ay, mi cabeza, mi cabeza! Y el padre dijo a un criado: Llévalo a su madre. ²⁰Y habiéndole él tomado y traído a su madre, estuvo sentado en sus rodillas hasta el mediodía, y murió. ²¹Ella entonces subió, y lo puso sobre la cama del varón de Dios, y cerrando la puerta, se salió. ²²Llamando luego a su marido, le dijo: Te ruego que envíes conmigo a alguno de los criados y una de las asnas, para que yo vaya corriendo al varón de Dios, y regrese. ²³Él dijo: ¿Para qué vas a verle hoy? No es nueva luna, ni día de reposo. Y ella respondió: Paz» **(2 Reyes 4:18-23).**

En este momento tan difícil que aconteció en la vida de la mujer sunamita, ella hubiera podido escoger lamentarse, llorar y hasta culpar al padre del niño, pero ella conocía el poder de Jehová y confiaba en Él plenamente. Por eso decidió volver a buscar al hombre y profeta de Dios, Eliseo. La confianza de esta mujer fue un olor fragante para Dios, pues ella no se enfocó en su dolor ni permitió que su música fuese robada. Estando en todo su derecho de lamentarse, ella corrió al Rey de reyes y Señor de señores a suplicar por su milagro. Así mismo te digo hoy: ten paz y confía en Jehová.

«*Entrando él entonces, cerró la puerta tras ambos, y oró a Jehová. [34]Después subió y se tendió sobre el niño, poniendo su boca sobre la boca de él, y sus ojos sobre sus ojos, y sus manos sobre las manos suyas; así se tendió sobre él, y el cuerpo del niño entró en calor. [35]Volviéndose luego, se paseó por la casa a una y otra parte, y después subió, y se tendió sobre él nuevamente, y el niño estornudó siete veces, y abrió sus ojos. [36]Entonces llamó él a Giezi, y le dijo: Llama a esta sunamita. Y él la llamó. Y entrando ella, él le dijo: Toma tu hijo*» *(2 Reyes 4:33-36)*.

La mujer sunamita mantuvo su esperanza, su fe y sus ojos en Dios, el hacedor de milagros. Y ciertamente su confianza en Él fue recompensada. El profeta Eliseo oró a Jehová y sus oraciones fueron contestadas, el hijo de la mujer sunamita «*estornudó siete veces, y abrió sus ojos*». Esta mujer es un gran modelo para nosotros, quienes debemos invocar a Jehová y confiar en Él aun cuando el panorama sea muy oscuro y pretenda detener nuestra música. Tú y yo somos responsables y quienes decidimos si nuestra música se detiene o no.

Cuando confías en Dios, tienes paz

Una de las cosas que se pierde cuando la música se detiene es nuestra paz. Cuando Jesús murió por nosotros en la cruz, nos regaló muchas cosas incluyendo el perdón, la salvación y una vida nueva, pero también una paz diferente a la que ofrece el mundo. Una persona que tiene el Espíritu de Dios también debe tener paz, o sea, el que no tiene paz, no está en conexión con el Espíritu Santo. En *Juan 14:27*, Jesús nos dice: *«La paz os dejo, mi paz os doy; yo no os la doy como el mundo la da. No se turbe vuestro corazón, ni tenga miedo».* Jesús nos dice que Él nos ha dejado su paz, pero para obtenerla debemos confiar y no tener miedo.

¡Una de las características increíbles de la mujer sunamita es que aún en medio de su dolor ella era quien aconsejaba a su esposo a que tuviese paz! Hoy tú y yo podemos obtener esa misma paz si estamos en Cristo Jesús. ¡Él nos da una paz y seguridad que el mundo no puede ofrecernos, porque es sobrenatural y no depende de las circunstancias!

Cristo me entregó la paz

En el año 2020, a medida que los casos de personas infectadas con coronavirus aumentaban diariamente, también crecía el bebé que cargaba en mi vientre. Durante el embarazo, las mujeres atraviesan muchas emociones y cambios, y vivir este proceso durante una pandemia no era lo ideal. Cada vez que leía un artículo o veía una noticia sobre los hospitales que no tenían camas o no permitían visitas ni de cónyuges, mi corazón se turbaba. Realmente quería asegurarme de no contraer esta enfermedad durante el embarazo, ya que todavía ningún médico conocía realmente sus efectos en esta etapa.

Durante este tiempo, también enviaron a mi esposo a hacerse varios estudios de salud y, a la vez, mi doctora sospechaba que yo sufría de diabetes, razón por la que debía hacerme una prueba, pero debido a la pandemia, todo se complicó y mi doctora decidió limitar mi exposición al virus, por lo que decidió no enviarme al laboratorio para hacer el examen médico, sino que prefirió diagnosticarme como si ciertamente tuviera diabetes (nunca acepté este diagnóstico). Todos estos eventos que sucedieron al mismo tiempo fueron como «agregar leña al fuego», ya que causaron que mis temores se hicieran más fuertes y muchas noches sentí que me faltaba la paz.

Debo admitir que el miedo quiso atacarme y provocar ansiedad y angustia. Los tiempos eran tan inciertos que cuanto más leía y veía las noticias, más la ansiedad y la incertidumbre se apoderaban de mí. Pero, gracias a Dios, pude entender que necesitaba aumentar mis oraciones y acercarme más a Dios porque en Él era donde debía estar mi esperanza y confianza, no en los médicos. Al igual que con la mujer sunamita, a Dios le complació recompensar mi confianza y todo salió bien. ¡Mi bebé nació saludable, yo estuve saludable y los exámenes de mi esposo salieron bien! ¡Gloria a Dios!

El rey de la paz es Jehová, la mujer sunamita lo entendía y lo creía y por eso ella experimentó la paz en medio de la dificultad. Hoy en día, usted y yo podemos ir directamente al Padre por medio de su hijo Jesús y obtener esa paz que es sobrenatural. Y también nuestros pastores locales y líderes pueden interceder por nosotros tal como lo hizo el profeta Eliseo por la mujer sunamita.

Búscalo porque lo amas, no por los milagros

Jesús respondió: «No es necesario que se vayan. Dales algo de comer». «Aquí tenemos sólo cinco panes y dos pescados», respondieron. «Tráemelos aquí», dijo. Y ordenó a la gente que se sentara sobre la hierba. Tomando los cinco panes y los dos pescados y mirando al cielo, dio gracias y partió los panes. Luego se los dio a los discípulos y los discípulos se los dieron a la gente. Todos comieron y se saciaron, y los discípulos recogieron doce canastas llenas de pedazos que sobraron. El número de los que comieron fue de unos cinco mil hombres, sin contar las mujeres y los niños **(Mateo 14:16-21)**.

En este versículo vemos como Jesús hizo un milagro maravilloso donde multiplicó los panes y los peces de un joven para saciar el hambre de todos los presentes. Pero ¿a dónde se fue toda la gente que seguía a Jesús y comieron de los panes y los peces cuando fue crucificado? La realidad es que muchas personas seguían a Jesús por sus milagros y no porque lo amaban genuinamente. Hoy en día, también muchas personas buscan a Dios por el interés de un milagro. Ellos creen con todo su corazón y saben que Jesús puede cambiar su situación, pero cuando sienten que la respuesta de Dios se tarda, o cuando su petición no es parte de la voluntad de Dios para sus vidas, se alejan de Él, y hay quienes incluso luego de recibir respuesta favorable a su petición, no regresan a ser agradecidos con Dios.

Cuando alguien se enamora de Jesús y decide seguirlo, debe ser porque lo ama genuinamente, no por los pescados ni los panes que Él pueda ofrecernos. Tristemente, he observado a muchas personas abandonar completamente su fe por desesperarse o porque no vieron cumplirse el milagro que ellos esperaban. Por eso, quiero motivar a las personas que han pensado en tirar la toalla a seguir creyendo y esperando por su milagro; pero lo más importante es que amen a Jesús. ¡Su sacrificio fue suficiente, e incluso si nunca más nos da nada, es merecedor de nuestro amor y agradecimiento! ¡Nos ha salvado de una eternidad aterradora!

Capítulo 9

Jesús hace todo nuevo

«Y Jonatán hijo de Saúl tenía un hijo lisiado de los pies. Tenía cinco años de edad cuando llegó de Jezreel la noticia de la muerte de Saúl y de Jonatán, y su nodriza le tomó y huyó; y mientras iba huyendo apresuradamente, se le cayó el niño y quedó cojo. Su nombre era Mefi-boset»
(2 Samuel 4:4 RVR1960).

Un nuevo principio

Había un niño llamado Mefi-boset (nieto del Rey Saúl, hijo de Jonatán) que perdió su música con tan solo cinco años. Este pequeño niño, hijo de un príncipe, lo tenía todo en el reino de su abuelo, hasta que su padre Jonatán y su abuelo Saúl murieron en batalla. Al escuchar la noticia, su nodriza temió por la vida del niño y escapó con él; fue entonces cuando Mefi-boset se cayó de los brazos de ella y quedó lisiado de los pies *(2 Samuel 4:4)*.

Sabemos lo duro y difícil que fue para Mefi-boset perder a su familia y el estilo de vida que llevaba como hijo de un príncipe, y también perder la capacidad que muchos otros niños tenían de poder jugar, correr y caminar. Su vida fue completamente distinta a la de las otras personas. Los dolores y los lamentos de Mefi-boset fueron muchos.

Al pasar el tiempo, el Rey David se olvidó de la casa de Jonatán, pero Dios no. Y un día, Jehová le recordó a David una promesa que le hizo a Jonatán. Fue entonces cuando David honró esta promesa:

«Dijo David: ¿Ha quedado alguno de la casa de Saúl, a quien haga yo misericordia por amor de Jonatán? ²Y había un siervo de la casa de Saúl, que se llamaba Siba, al cual llamaron para que viniese a David. Y el rey le dijo: ¿Eres tú Siba? Y él respondió: Tu siervo. ³El rey le dijo: ¿No ha quedado nadie de la casa de Saúl, a quien haga yo misericordia de Dios? Y Siba respon-

dió al rey: *Aún ha quedado un hijo de Jonatán, lisiado de los pies.* ⁴*Entonces el rey le preguntó: ¿Dónde está? Y Siba respondió al rey: He aquí, está en casa de Maquir hijo de Amiel, en Lodebar.* ⁵*Entonces envió el rey David, y le trajo de la casa de Maquir hijo de Amiel, de Lodebar.* ⁶*Y vino Mefi-boset, hijo de Jonatán hijo de Saúl, a David, y se postró sobre su rostro e hizo reverencia. Y dijo David: Mefi-boset. Y él respondió: He aquí tu siervo.* ⁷*Y le dijo David: No tengas temor, porque yo a la verdad haré contigo misericordia por amor de Jonatán tu padre, y te devolveré todas las tierras de Saúl tu padre; y tú comerás siempre a mi mesa.* ⁸*Y él inclinándose, dijo: ¿Quién es tu siervo, para que mires a un perro muerto como yo?* ⁹*Entonces el rey llamó a Siba siervo de Saúl, y le dijo: Todo lo que fue de Saúl y de toda su casa, yo lo he dado al hijo de tu señor.* ¹⁰*Tú, pues, le labrarás las tierras, tú con tus hijos y tus siervos, y almacenarás los frutos, para que el hijo de tu señor tenga pan para comer; pero Mefi-boset el hijo de tu señor comerá siempre a mi mesa. Y tenía Siba quince hijos y veinte siervos.* ¹¹*Y respondió Siba al rey: Conforme a todo lo que ha mandado mi señor el rey a su siervo, así lo hará tu siervo. Mefi-boset, dijo el rey, comerá a mi mesa, como uno de los hijos del rey.* ¹²*Y tenía Mefi-boset un hijo pequeño, que se llamaba Micaía. Y toda la familia de la casa de Siba eran siervos de Mefi-boset.* ¹³*Y moraba Mefi-boset en Jerusalén, porque comía siempre a la mesa del rey; y estaba lisiado de ambos pies»* **(2 Samuel 9:1-13 RVR1960)**.

Para mí, uno de los momentos más hermosos en el Antiguo Testamento fue cuando el Rey David le entregó todas las tierras de Saúl a Mefi-boset y lo invitó a comer en su mesa todos los días, tal como lo hacían sus hijos y otras personas importantes del reino. Ciertamente, todo lo que Mefi-boset perdió le fue restituido y multiplicado y una vez más fue tratado como un príncipe; Dios le dio a Mefi-boset un nuevo comienzo, una nueva vida.

Pero lo que más me asombra es la respuesta de Mefi-boset cuando David le dijo que le entregaría sus tierras: *«¿Quién es tu siervo, para que mires a un perro muerto como yo?»*. Mefiboset se creía como un perro muerto. Por su respuesta, podemos asumir que Mefi-boset se había dado por vencido en la vida, ciertamente su música se había detenido. Pero Jehová lo miraba de otra manera, lo veía como un futuro príncipe en el reino de David. El enemigo pudo robarle su música por un tiempo y quitarle sus pertenencias, sus sueños y sus anhelos, pero el Dios de los cielos le regresó todo y le restableció su gozo.

Dios puede convertir tu lamento en baile

Malas cosas le pueden suceder a buenas personas. Hace un tiempo atrás conocí a una mujer muy feliz y sonriente, ella era cristiana y tan solo al hablar con ella unos minutos se podía ver la reflexión de Cristo en ella. Cuando me contaron su testimonio yo no lo podía creer, cómo era posible que de una mujer tan sonriente y feliz existiera un pasado tan triste y cruel. Le pregunté cómo una persona que había sufrido tanto había podido superar eso y ser hoy feliz. Pude notar que ciertamente Cristo le había cambiado su lamento por baile.

Ella me contó que, hace treinta y ocho años, ella pasó por una situación traumatizante siendo ella una mujer cristiana y muy temerosa de Dios. Un criminal la esperaba en su casa. Aparentemente, él ya la estaba acechando y conocía todos sus pasos, incluyendo cuando entraba y salía de su casa. Este hombre malvado planeó un crimen horrible, él irrumpió en la casa de esta mujer entrando por la puerta trasera mientras ella no estaba; escondido detrás de la puerta principal esperó a que ella abriera con sus llaves, y cuando ella entró vio a ese hombre con una máscara cubriendo su rostro, quien rápidamente la tomó a la fuerza y cerrando la puerta abusó de ella y la violó.

La música de esta mujer se detuvo. Ella estuvo destrozada por muchos días y cayó en depresión. En este momento tan difícil de su vida, ella no tenía deseos de alabar a Dios. Ella me contó que, en su miedo, vergüenza y tristeza, ella no quería salir de su casa, no quería ir a la iglesia ni tampoco visitar a amigos o ir a ningún lugar. Pero Dios envió a una amiga cristiana a consolarla. Esta amiga llegó con cajas y comenzó rápidamente a empacar todas sus pertenencias para mudarla a otra casa... En ocasiones, necesitamos a alguien que nos dé un empuje como esta amiga lo hizo.

...En ese momento, el Señor le mostró un mensaje en las Sagradas Escrituras que cambió el rumbo de su historia y sé que puede cambiar el rumbo de la tuya también:

«Al que venciere, le daré que se siente conmigo en mi trono, así como yo he vencido, y me he sentado con mi Padre en su trono» (Apocalipsis 3:21).

«Cuando leí ese verso, me di cuenta de que no cualquier persona podría acercarse al trono de Jesús, solo una persona muy especial podría hacer eso».

Cuando ella entendió esto, decidió que quería ser digna de estar sentada con Jesús en su trono. Por lo tanto, necesitaba perdonar y ella decidió hacerlo reconociendo que hay poder en el perdón.

En ese momento, ella decidió perdonar y dijo **«él robó parte de mi alma, pero no le permitiré robar el resto de mi vida».** Y ella decidió seguir adelante y comenzar de nuevo, porque Jesús hace todo nuevo.

«Me di cuenta de que Dios ya había restaurado mi alma y por eso ese hombre ya no era parte de mí, y pude perdonarlo».

Después de dos años, lo capturaron y por violar a diez o más mujeres solo le dieron siete años de cárcel.

«Por primera vez vi al violador en la corte, pero yo ya lo había perdonado y oré por él y por su familia».

Un tiempo después, un pastor la designó para servir en un ministerio de mujeres en países donde las mujeres son gravemente abusadas y no tienen derechos humanos. Ella pudo ayudar a mujeres que incluso fueron violadas por sus propios padres, y otros familiares en Bishkek, Kyrgyzstan, Almaty y Kazajistán. Mientras ella servía, muchas mujeres fueron liberadas. No solo encontró su música una vez más, sino que también ayudó a otras personas a encontrar su música y una nueva vida en Cristo Jesús.

Sin lugar a dudas, esta mujer es un gran ejemplo para nosotros. Malas cosas les pueden suceder a buenas personas, pero eso no puede detenernos porque de una situación mala, Dios nos restaura y, luego, con esa experiencia nos permite ayudar a otras personas. Si dejamos nuestras vidas en las manos de Dios, Él puede restaurar nuestra música y usar todo lo que hemos aprendido para su gran propósito y darnos un futuro brillante.

Capítulo 10

Resiste en el día malo

Adora hasta el final

Existe un insecto muy vocal llamado cigarra o chicharra que es bien pequeño, pero hace mucho ruido, es muy bulloso! Incluso, varias chicharras cantando al mismo tiempo pueden sonar igual de bulliciosas que una motocicleta. El animalito vive toda su vida cantando. La chicharra usualmente es infectada por un hongo en su abdomen que le causa un proceso muy doloroso. El resultado es que el insecto pierde la mitad trasera del cuerpo (explota). Y aun así, ella sigue cantando hasta el día que muere. No importa lo mucho que deseemos que la chicharra se calle, ella conoce su propósito y seguirá cantando su canción hasta el día que muera.

Debemos tomar ejemplo de este insecto y alabar a Jehová hasta el final sin importar las distintas pruebas y tribulaciones que pasemos en esta tierra. Te animo a que tú también descubras por qué estás en esta tierra y sigas adorando al Creador hasta el final. Tomemos ejemplo en Pablo y Silas, quienes a pesar de las dificultades que pasaron persistieron hasta el final de su vida y su adoración nunca cesó.

La música rompe cadenas

Mientras Pablo y Silas estaban en Macedonia, una esclava con un espíritu de adivinación se les acercó, y Pablo echó fuera a ese espíritu inmundo. Al ver que ya no había más ganancia, los amos de la esclava golpearon, azotaron y arrastraron a Pablo y a Silas.

Ellos terminaron en la cárcel encadenados, y en lugar de maldecir o quejarse, comenzaron a adorar a Dios, y en su alabanza, aconteció algo muy poderoso:

«Pero a medianoche, orando Pablo y Silas, cantaban himnos a Dios; y los presos los oían. 26Entonces sobrevino de repente un gran terremoto, de tal manera que los cimientos de la cárcel se sacudían; y al instante se abrieron todas las puertas, y las cadenas de todos se soltaron» **(Hechos 16:25-26)**.

¡La adoración es tan poderosa que donde hay adoración hay victoria!, hay libertad, hay milagros y no existe la esclavitud, pues esa noche no solo se cayeron las cadenas que ataban a los prisioneros, sino las cadenas espirituales que ataban al carcelero, porque esa noche él se convirtió a cristiano, recibiendo a nuestro amado Señor Jesucristo. ¡Donde hay adoración siempre habrá un impacto! Así como estos prisioneros que quedaron impactados y marcados por el resto de sus vidas, tu adoración también rompe cadenas y cambiará tu vida y las vidas de las personas a tu alrededor. Esta es tu música, tal como Pablo y Silas, ¡no permitas que nada ni nadie te la quite!

Lamentablemente, vivimos en un mundo egocéntrico donde todo se trata de nosotros. Este siglo nos ha enseñado que nuestra opinión es más importante que la de otros, que nuestros deseos deben ser lo primordial en nuestras vidas y que debemos seguir nuestros corazones, ¡todo esto es una tontería!

Pues ha hecho que nuestra sociedad sea tan egocéntrica que a menudo el enfoque está en nuestros problemas y necesidades y olvidamos nuestro propósito principal en esta tierra: hacer avanzar el reino de Dios. Este era el enfoque de Pablo y de Silas, y también debe ser el nuestro.

Resiste el día malo y mantén tu adoración

En una ocasión, conocí a una mujer cristiana que era una servidora apasionada por Cristo. Sin embargo, el día malo tocó a su puerta y los cánticos de adoración que en un tiempo le ministraban ya no le causaban ningún efecto. Sus deseos y sus sueños fueron arrancados de su interior por la pérdida de su hijo. Ya en su corazón no había más música y sus ojos estaban llenos de tristeza. Desafortunadamente, su dolor la llevó a alejarse del Espíritu Santo y se apartó del caminar cristiano. Hasta el sol de hoy, ella no ha vuelto a los caminos de Dios...

...Este es el peligro de no levantarnos del dolor, pues al hacernos perder nuestra música, se puede perder la salvación.

La mañana y la noche caen sobre el bueno y sobre el malo, así mismo la angustia caerá en el justo y en el injusto. Nadie en esta vida está exento de los problemas, cristianos o no, todos somos de esta tierra, una tierra que no es perfecta. Pero aun cuando las circunstancias tratan de oscurecer nuestra vida y apagar nuestra música, debemos perseverar en Dios a pesar de los problemas.

Pelea la buena batalla y termina la carrera

«*He peleado la buena batalla, he acabado la carrera, he guardado la fe*» *(2 Timoteo 4:7 RVR1960)*.

En este versículo, Pablo nos instruye a pelear para alcanzar la meta final: mantener la salvación y llegar al cielo. Pablo enfrentó tantas adversidades y dolores: muchas veces Pablo fue olvidado, golpeado y dejado como muerto. Sin embargo, el Apóstol Pablo nunca pensó en regresar atrás y, aun siendo uno de los fundadores del evangelio, también tuvo que luchar para continuar y hacer avanzar el reino de Jesús. Todo lo que hizo Pablo fue para glorificar a Dios, Él ya había muerto a sí mismo y sus problemas ya no le importaban.

La palabra de Dios dice: «*Pero yo he rogado por ti, que tu fe no falte; y tú, una vez vuelto, confirma a tus hermanos*» *(Lucas 22:32 RVR1960)*. Jesús le dijo estas palabras a Pedro porque Él sabía que la fe de Pedro le fallaría, pues cuando a Jesús se lo llevaron para ser crucificado, así sucedió. En medio de la tormenta y de mucho dolor, Pedro tuvo miedo y negó a Jesús no una, ni dos, sino tres veces en un día. El Apóstol Pedro perdió su música en ese momento, su adoración cesó al negar a Cristo. Pero cuando el Salvador resucitó, la música del Apóstol Pedro regresó a su vida y jamás volvió a negarlo, sino que fue un apóstol lleno del poder del Espíritu Santo y peleó la buena batalla de la fe hasta el final.

Tal y como Pedro fue probado, también nosotros seremos probados. Las pruebas intentarán robar tu música, pero no podemos permitir que las luchas, los golpes de la vida y las tribulaciones nos alejen de nuestro Salvador. El Señor es lo más valioso y hermoso que nos ha sucedido, y Él merece toda la gloria y la honra, toda nuestra adoración.

La Palabra nos dice en *Juan 16* que en el mundo experimentaremos aflicción, ¡pero Él ya venció al mundo! ¡Lo único que tenemos que hacer es resistir y mantenernos firme en su Palabra!

«Por tanto, tomad toda la armadura de Dios, para que podáis resistir en el día malo, y habiendo acabado todo, estar firmes» (Efesios 6:13 RVR1960).

¡Como guerrero de Jehová, debes ponerte la armadura de la fe, levantarte y recoger tu espada, pues la espada más poderosa que existe en este universo es tu adoración! ¡Pelea la buena batalla, y termínala lleno de amor y de gozo! ¡Qué bello será estar delante de nuestro Padre celestial y decirle que terminamos la carrera tal como lo hicieron el Apóstol Pablo, Silas y el Apóstol Pedro, con gozo!

«Resiste, sé como la Chicharra,
¡Canta y alaba hasta el final!»

Entonces, si has perdido tu música, ¿cómo puedes recuperarla?

1. Sana un corazón roto.

2. Regresa a la cruz e invita al Espíritu Santo a tu vida.

3. Crea intimidad con el Espíritu Santo; vive una vida de ayuno y oración.

4. Ten fe y trata de acrecentarla todos los días. Y no dejes de creer aun cuando las oraciones no hayan sido respondidas. Lleva tus peticiones, sueños y deseos a la voluntad de Dios.

5. ¡Mantente alejado del pecado! El pecado es mortal, puedes seguir todos los pasos de este libro, pero si practicas el pecado, tu música no regresará.

6. Restaura tu visión en Dios.

7. ¡Confía en Dios!

8. Recuerda tu propósito: estás aquí para hacer avanzar su reino.

9. ¡Resiste el día malo!

«No permitas que tu música se detenga».

ACERCA DEL AUTOR

Alexandra Bellorinni nació en República Dominicana y llegó a Estados Unidos a los ocho años. Estudió en la Universidad UNCC, donde obtuvo un BSBA (Licenciatura). Ella y su esposo son ministros de adoración y alabanza en su iglesia en la ciudad de Charlotte, Carolina del Norte. Alexandra también trabaja para Sky Music, Inc., donde ayuda a coordinar eventos y conciertos cristianos de alabanza y adoración.

Creemos que este libro ha sido de bendición para su vida, le invitamos a que nos contacte para compartir su testimonio.

ALEXANDRA BELLORINNI

Instagram: alexbellorinniauthor
Facebook: alexandrabellorinni
Website: www.alexandrabellorinni.com
Teléfono: (704)649-9234